ENVIRONMENTAL AWARENESS
AND GREEN FINANCE:
RESEARCH ON THE EFFECTS OF ENVIRONMENTAL AWARENESS ON
ASSET PRICE AND FORECASTING OF CARBON PRICE

环境意识_与
绿色金融

基于环境意识对资产价格影响与碳价预测的研究

王 娜◎著

经济管理出版社
ECONOMY & MANAGEMENT PUBLISHING HOUSE

图书在版编目（CIP）数据

环境意识与绿色金融：基于环境意识对资产价格影响与碳价预测的研究/王娜著.—北京：经济管理出版社，2022.10

ISBN 978-7-5096-8783-3

Ⅰ.①环⋯　Ⅱ.①王⋯　Ⅲ.①环境意识—影响—金融业—绿色经济—研究—中国　Ⅳ.①F832

中国版本图书馆 CIP 数据核字（2022）第 195375 号

组稿编辑：张巧梅
责任编辑：张巧梅
责任印制：黄章平
责任校对：蔡晓臻

出版发行：经济管理出版社
　　　　　（北京市海淀区北蜂窝 8 号中雅大厦 A 座 11 层　100038）
网　　址：www.E-mp.com.cn
电　　话：（010）51915602
印　　刷：唐山玺诚印务有限公司
经　　销：新华书店
开　　本：720mm×1000mm/16
印　　张：10.25
字　　数：130 千字
版　　次：2023 年 2 月第 1 版　　2023 年 2 月第 1 次印刷
书　　号：ISBN 978-7-5096-8783-3
定　　价：88.00 元

前　言

在环境污染问题日益严峻的背景下，如何利用绿色金融助推绿色发展是社会各界亟须解决的重要问题。尽管意识是行为的基础，环境意识会影响绿色消费与绿色投资，却鲜少有人研究环境意识对绿色金融的影响。目前环境意识数据相当匮乏，给环境意识与绿色金融关系的研究带来了很大阻碍。事实上，互联网数据在度量意识形态方面有着优良的表现，可以反映环境意识水平。但在使用互联网数据时，往往会遇到维数过高的问题，且变量之间会相互影响，需要使用基于网络的变量选择和降维方法，这类方法克服了传统方法，忽略了变量网络结构的缺陷，在处理维数过高问题的同时兼顾变量之间的相互影响关系。

本书借助互联网数据和基于网络的变量选择与降维方法，构建环境意识综合指数，反映公众环境意识，并分析环境意识对绿色金融的影响，主要包括以下几个方面的研究：

（1）传统环境意识测量方法存在诸多局限，本书创新性地研究了如何使用环境意识调查问卷量表对应关键词的互联网搜索量来帮助构建环境意识综合指数，以此反映中国国民的环境意识水平，解决了环境意识数据匮乏的困局。大量关键词带来了高维问题，而传统的降维方法忽略了变量之间的相互影响关系，所以本书在降低维度的同时也兼顾了变量的网络结构，设计了最适合用来构建环境意识综合指数的模型。本书对环境意识的影响因素进行分析之后发现，经济增长对环境意识有显著为正的影响。

（2）《巴黎协定》是应对气候变化的新协议，传递了全球将向绿色低碳发展转型的强有力信号。金融市场对政策非常敏感，而金融证券价格又影响着绿色企业和重污染企业融资。但几乎没有人研究过《巴黎协定》对中国金融证券市场的影响及环境意识的调节作用，本书填补了这一空白。本书研究发现，《巴黎协定》会对绿色企业证券价格产生短期正面影响，但并无中长期影响；《巴黎协定》也会对重污染企业证券价格产生短期负面影响，但重污染企业证券价格并没有因《巴黎协定》而长期低迷。政府对《巴黎协定》的重视和媒体对《巴黎协定》的大幅报道是绿色公司股价短期表现良好的重要原因，减排的额外成本是重污染公司股价短期表现不佳的重要原因。但媒体的非持续报道和投资者对《巴黎协定》的关注不足会使绿色企业无法长期受益，重污染企业受环境政策刺激采取的低碳转型及我国的环境信息披露政策在 A 股市场上的失效使其股价并没有长期低迷。通过分析公众环境意识对《巴黎协定》与金融证券价格关系的调节作用发现，当公众环境意识更强时，《巴黎协定》对绿色企业证券价格的短期正面影响及对重污染企业证券价格的短期负面影响会更加明显。研究结论对环保相关部门如何引导绿色投资和约束污染性投资具有一定的政策意义。

（3）为了减少碳交易风险，增强碳市场活力，促进碳金融发展，本书借助构建环境意识综合指数的互联网数据，提出了"基于网络的预测模型"，提高了预测碳价的准确性。考虑到变量之间存在着相互影响关系，新模型在参数估计和变量选择的同时兼顾了变量之间的网络结构。模拟实验和实证分析均表明,新模型明显优于其他模型,不仅可以获得较高的预测精度,还可以找出影响碳价的关键因素。同时,本书为基于互联网数据的预测研究提供了新模型,也为碳价研究奠定了实证基础。

目　录

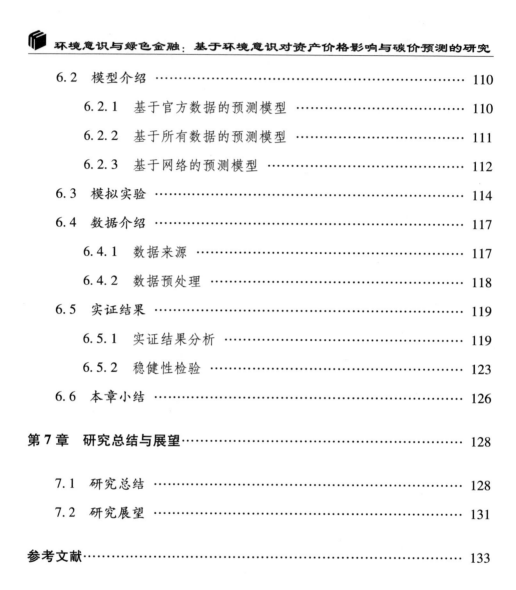

第1章　绪论

本章对绿色金融的内涵和绿色金融的发展现状进行了介绍，阐述了环境意识在绿色金融研究中所起的重要作用，并指出了环境意识度量存在的问题，由此确立了本书的研究目的、内容和框架。

1.1　研究背景

经济的飞速发展带来了环境污染，在全球生态环境受到威胁的背景下，不能只依靠行政手段治理环境，而应该更多地依靠市场手段。创新金融模式，提高金融体系能力，通过绿色金融调动更多的社会资本进行绿色投资，同时抑制污染性投资，促进产业转型升级，助推绿色低碳发展。

1.1.1　绿色金融的内涵

关于绿色金融，目前国际上并没有一个统一的定义。2016 年 8 月，中国人民银行等七部委发布的《关于构建绿色金融体系的指导意见》中把绿色金融定义为"为支持环境改善、应对气候变化和资源节约高效利用的经济活动，即对环保、节能、清洁能源、绿色交通、绿色建筑等领域的项目投融资、项目运营、风险管理等所提供的金融服务"。G20绿色金融研究小组定义绿色金融为"能产生环境效益从而支持可持续发展的投融资活动"。

《关于构建绿色金融体系的指导意见》中还指出"绿色金融体系是指通过绿色信贷、绿色债券、绿色股票指数和相关产品、绿色发展基金、绿色保险、碳金融等金融工具和相关政策支持经济向绿色化转型的制度安排"。

1.1.2 绿色金融的发展现状

近年来，绿色金融受到国际社会的广泛关注。2016~2018年，绿色金融连续3年成为二十国集团（G20）峰会的重要议题。2016年2月，首次G20财长和央行行长会议将绿色金融作为G20财金渠道的正式议题，建立了G20绿色金融研究小组，深入研究绿色金融问题。2016年9月，中国首次把绿色金融议题引入G20峰会议程，并通过了第一份《G20绿色金融综合报告》，成为全球绿色金融研究的引领文件，G20峰会还提出了7项自愿可选措施，以推动绿色金融发展。德国担任2017年G20主席国期间，继续由G20绿色金融研究小组研讨绿色金融议题，并发布了《2017年的G20绿色金融综合报告》，还倡议推进环境风险分析和改善环境信息的可获得性。2018年2月22日，G20可持续金融研究小组①召开了阿根廷担任主席国期间的第一次会议，会议讨论并通过了可持续资产证券化、

---

① G20绿色金融研究小组是G20可持续金融研究小组的前身，G20可持续金融研究小组仍旧以绿色金融为主要议题，也考虑收入分配等一些其他的可持续发展要素。

发展可持续私募股权（PE）和风险投资（VC）、运用金融科技（Fintech）发展可持续金融三个主要研究议题。2018 年 10 月 4 日，世界交易所联合会（World Federation of Exchanges）正式发布了《可持续交易所原则》，促进国内外交易所服务绿色发展，践行社会责任，助推绿色金融发展。目前，国际上绿色金融研究的新方向包括：央行与监管机构间绿色网络的构建、气候变化与宏观经济关系的研究、推动绿色金融市场发展方法的探索（马骏，2018）。

中国很早就开始注重可持续发展，在绿色金融领域起步虽不领先，但发展较快。在 20 世纪 80 年代，中国就发布过与绿色金融有关的文件。"十一五"期间初步确定绿色金融政策体系。"十二五"规划首次统一规划了环境经济政策，其中包含绿色金融。2015 年 9 月，中共中央、国务院发布的《生态文明体制改革总体方案》明确地提出了"要建立我国的绿色金融体系"。2016 年 3 月，全国人大通过的《"十三五"规划纲要》提出了绿色发展理念及构建绿色金融体系的战略。2016 年 8 月，中国人民银行等七部委联合发布了《关于构建绿色金融体系的指导意见》，构筑了绿色金融发展的顶层设计，是当时关于发展绿色金融最为系统的政策框架，具有里程碑意义。2017 年 10 月，党的十九大报告中指出要全面推进生态文明建设和绿色发展。

在政府的推动下，中国在绿色金融领域已经取得了许多进展。中国的绿色金融法规体系已逐步建立，绿色金融规模逐渐增加。截至 2015 年底，绿色信贷余额已经达到了 7.01 万亿元，占全部信贷余额的 10% 左右。2007~2015 年第三季度，已经有将近 30 个省（市、区）开展了环境污染责任保险试点。截至 2015 年 10 月，中证指数公司大约编制了 800 个 A 股市场指数，其中 16 个为绿色环保类指数，占指数总数的 2%。截至 2016 年底，累计发行了 265 只金融环保绿色基金。2017 年上半年累计发行了 36 只绿色债券，价值 776.7 亿元人民币[①]。目前已经启动了 7 个碳排放交易试点，截至 2017 年底，累计成交量超过 2 亿吨二氧化碳，累计成交额超过 47 亿元人民币，并于 2017 年 12 月 19 日，正式启动了全国碳排放交易体系。

虽然中国已经在绿色金融领域取得了一定的成就，但是未来中国绿色金融在发展的过程中也将面临一系列的问题。例如，相关法律及监管体系仍不完善，执法力度尚且不足；信息披露和共享机制依旧存在缺陷；目前主要依靠行政手段推动绿色低碳发展，缺乏市场主体的主动行为，有效需求不足；绿色金融相关市场和产品缺乏创新，难以引入市场机制和社会治理；绿色项目带来的正外部性和污染项目带来的负外部性没有显性化，且加大了金融机构风险；"绿色"标准不统一，影响环境绩效的评估；专业人才的缺少影响了绿色信贷的投放和绿色保险中环责险的落实等（国务院发展研究中心"绿化中国金融体系"课题组，2016）。

建立健全绿色金融体系，既需要政策和法律法规支持，也需要创新金融模式，将社会资金引导到绿色产业。2016 年，中国人民银行等七部委发布的《关于构建绿色金融体系的指导意见》对绿色金融体系构建过程中存在的问题提出了指导意见，包括加大发展绿色信贷的力度；通过推动证券市场调动社会资本进行绿色投资；设立国家、区域和民间绿色发展基金以支持绿色产业发展；鼓励和支持发展绿色保险；发展碳金融产品，推动建立环境权益交易市场；支持地方绿色金融的发展；推动国际合作；完善监管机制以更好地防范金融风险，强化组织落实。

---

① 资料来源：中央财经大学绿色金融国际研究院与联合国环境规划署联合发布的《构建中国绿色金融体系：进展报告 2017》。

1.1.3 环境意识与绿色金融

生存之本在于环境，在这种意识的指引下，绿色发展、绿色金融等词语频繁出现在各类媒体上（涂永前，2012）。公众环境意识①的提升有助于促进公众自觉进行环境保护、抵制环境污染（胡鞍钢和周邵杰，2014）。1992 年在联合国环境与发展会议上通过的《里约环境与发展宣言》指出，最好是在全部有关公民参与下处理环境问题，各国应该通过广泛提供环境问题的信息来促进和鼓励公众的认知与参与。许多发达国家的金融机构和国际组织做了大量的工作来提高公众的环境意识，不仅利用舆论导向推广环保理念，还利用低碳产品和技术推行个人绿色消费。中国人民银行等七部委发布的《关于构建绿色金融体系的指导意见》也在"防范金融风险，强化组织落实"部分提到要进一步普及公众环境知识，增强意识，倡导全民进行绿色消费，支持绿色金融发展，努力营造共建生态文明的良好氛围。

公民的环境意识会影响其环保行为（王玉君和韩冬临，2016），消费者的环境意识会影响其绿色消费行为②，从而影响绿色生产和绿色投资。例如，丰田汽车公司（Toyota Motor Corporation）的混合动力车普锐斯（Prius）的价格大概是同等动力汽油车的 1.5 倍，但 2008 年普锐斯在日本的销量却排在了新车销售榜的第 5 位。在运输服务业方面，环境友好型产品可以使具有环境意识消费者的效用增强，消费者更愿意为环境友好买单，而厂商也会因为消费者的这种需求获得利润并且注重对环境友好产品的研发投入，

---

① "环境意识"（Environmental Awareness）和"环保意识"的内涵是一样的，"环保意识"偏重保护环境，带有感情色彩（王民，1999），在日常生活中使用较多，而学术界较多地使用"环境意识"，也可使用"环境素养"（Environmental Literacy）、"环境关心"（Environmental Concern）、"新环境范式"（New Environmental Paradigm）等词汇（周志家，2008）。
② 绿色消费是指在购买、使用和处置产品的时候最小化对环境负面影响的消费行为（Carlson 等，1993）。

使得环境友好型产品得到更好的发展（Yakita 和 Yamauchi，2011）。

目前，已有文献大多得到了一致的结论。范金和陈锡康（2000）得出环境意识与消费水平正相关。Chitra（2007）指出消费者的环境意识会影响其对环保产品的购买，环境意识越强的消费者，购买欲望越大。Liu 等（2012）发现随着消费者环保意识的提高，有着卓越环保运营的零售商和厂商将不断受益。赵爱武等（2015）发现消费者的整体环境意识水平可以显著提高绿色购买所占市场的份额。Dienes（2015）通过实证研究发现具有高气候变化意识的民众不仅愿意为缓解气候变化效应支付费用，而且会为最小化气候变化效应采取环保行动。

理论上来讲，具有较高环境意识水平的消费者具有更高的环保行为意愿，而绿色消费是环保行为的一种，高水平的环境意识会驱动消费者倾向于从事绿色消费行为。所以，此类消费者会更愿意购买绿色产品，支持企业的环保行为，从而带动绿色需求，提高投资者的绿色投资理念，促进绿色金融产品的发展，调动更多的社会资本进行绿色投资，使绿色产业得到更好的发展；同时，高水平的环境意识也会使消费者更不愿意购买环境不友好型产品，抗拒污染性消费，抵制企业的环境污染行为，从而抑制投资者的污染性投资，促使污染性企业进行环境治理和结构转型，推动企业承担起环境保护的社会责任，以此适应绿色低碳可持续发展。

环境意识对绿色金融的影响是不容忽视的，却鲜少有学者讨论环境意识在绿色金融发展进程中所起的作用，尤其是环境意识对绿色金融资产价格产生的影响。绿色金融体系的构建离不开绿色政策的支持，而绿色政策的实施效果又会受环境意识的影响，具有较高水平环境意识的民众会更加支持绿色政策，使环境政策更好地执行下去。众所周知，金融证券市场对政策的敏感性非常高，所以通过分析金融证券的价格可以较快地观察到绿色政策效应及环境意识的调节作用。《巴黎协定》是全球应对气候变化的重大协议，是新的绿色政策，尚未有人研究其对金融证券价格的影响及环境意识的调节作用，本书将尽量填补这一空白。碳金融作为一种新型的金融资产，是绿色金融的重要组成部分。目前，国内外学者对碳金融的研究尚不成熟，碳价的影响因素还不明确，环境意识既然会影响环境行为，那么很有可能会对企业履行《巴黎协定》及完成减排任务起到一定的影响，从而影响碳价，所以研究环境意识与碳价的关系是很有必要的。因此，本书将从这两个方面对环境意识与绿色金融进行探究，在此之前，我们需要解决另一个非常重要的问题，那就是环境意识的度量问题。

1.1.4 环境意识度量存在的问题

环境意识是环境社会学研究的重要且热门内容之一。从广义上来讲，环境意识是人们对于人与环境的认知水平、理解程度和各种心理反应；从狭义上来讲，环境意识是人们对环境状况和环境保护有所认知之后，发生的保护环境的自觉性（包智明和陈占江，2011）。

国内外大多是使用问卷调查测量环境意识的（Dunlap等，2000；周志家，2008），中国现有的几个规模较大的环境意识统计数据也都是基于问卷调查的（洪大用，2016）。问卷调查方法得到的数据具有权威性，但执行成本较大，所以发布的频率非常低，不要说让数据按日、按周或者按月发布，就连按年发布都还没有做到。目前规模较大且较新的中国国民环境意识测量数据是中国人民大学中国调查与数据中心发布的 2010 中国综合社会调查项目（CGSS2010）数据，但此项目总共也就发布了 2003 年和 2010 年两年的环境意识调查数据，既不连续也相当匮乏，给环境意识与绿色金融关系的研究带来了很大的阻碍。

考虑到互联网数据在度量意识形态方面有着优良的表现，我们可以使用互联网搜索数据来帮助反映公众环境意识水平。通过搜索环保相关关键词，人们可以了解环境污染现状和环境治理相关工作及进展，补充环保知识；搜索环保相关关键词也表示公众关心环境保护，这是一种环保态度；对于有意愿用自己的行动保护环境的民众，还会对与"低碳生活方式""绿色出行工具"和"新能源汽车"等与具体执行措施相关的关键词进行深入了解，这是环保行为意愿的一种表现。环保知识、环保态度和环保行为意愿正是现有环境意识调查问卷中所包含的内容。所以，使用互联网数据帮助反映环境意识水平是可行的。

但是，互联网数据往往会带来维数过高的问题，所以在使用互联网数据时，需要借助变量选择方法或降维方法解决维数过高问题。本书使用的互联网数据均是反映环境意识的，属于同一个主题，变量之间也会存在相互影响关系，传统的变量选择方法或降维方法没有考虑变量之间的这种相互影响关系，本书在度量环境意识以及使用环境意识分析绿色金融问题时，并考虑变量的网络结构，将前沿统计思想引入环境意识与绿色金融的研究中，并根据实际问题修正相应的网络结构模型。

1.2　研究目的及意义

环境问题日益严峻，如何用绿色金融助推绿色发展是亟须解决的问题。生态文明建设之所以滞后于经济社会发展，除了立法滞后等原因，更重要的是人们缺乏生态文明的责任意识和建设意愿（胡珺等，2017）。绿色金融是生态文明建设的重要工具，建立健全绿色金融体系既需要依靠政府支持，也离不开公众的参与，所以需要在政府支持之外再探索一些与公众参与有关的因素。其目的不仅在于补充绿色金融体系建设的不足之处，而且还在于引导和激励公众自觉进行绿色投资，抑制污染性投资，助推低碳绿色可持续发展。无论是在国内还是在国外，学术界对绿色金融的研究都尚处于起步阶段，以往文献更多关注了绿色金融概念、绿色金融体系建设等方面的研究，本书尝试从环境意识这一全新视角，探索环境意识对绿色金融资产价格产生的影响。

本书研究的目的就是借助互联网数据和基于网络的变量选择与降维方法，研究出构建环境意识综合指数的合适方法，以此反映中国国民环境意识水平；然后探索环境意识水平对《巴黎协定》与金融证券价格关系的调节作用，指导金融实践工作；并借助环境意识数据预测碳价，提出新的碳价预测模型，降低碳交易风险，促进碳金融发展①。这不仅为环境意识研究提供新的方法，而且为使用环境意识分析绿色金融资产价格提供新理论研究框架及预测方法。

现将本书的研究意义总结如下：

（1）提供环境意识数据。为了提高人们的环境意识，政府一直大力宣传各种环保知识，不断地推出各种绿色优惠政策，但成效却不易评估，因为环境意识的统计数据存在严重的滞后性。中国地域辽阔、人口众多，即使采用非常合理的抽样调查方式，也是需要耗费巨大的人力、物力、财力的，启动一次全国调查实在不易。生态文明建设需要人民的环境意识作基石，过于滞后的环境意识数据会大大影响政府和投资者决策，不利于绿色发展。事实上，互联网数据可以很好地衡量感知、关注度等意识形态，在

---

① 温室气体的排放简称为"碳排放"，碳排放权交易简称为"碳交易"。

宏观经济、互联网金融、证券市场等众多领域均有应用，但却没有人用互联网数据来帮助反映环境意识水平。互联网数据的实时、低成本、全面等特征可以克服调查问卷测量环境意识的缺陷，但在使用互联网数据的时候往往会遇到"维数灾难"，本书将基于网络的降维模型引入环境社会领域，并使用先进的统计方法充分发挥互联网数据的优势，构建出能够反映国民环境意识水平的综合性指数，并分析其影响因素，为环境意识的研究提供新的方法和数据。

（2）指导绿色金融实践工作。《巴黎协定》是应对气候变化的绿色政策，《巴黎协定》鼓励各行各业加入绿色领域，开展绿色业务，执行节能减排，推动绿色发展，中国的上市公司是中国经济发展的重要力量，《巴黎协定》对绿色企业和重污染企业证券价格的影响将决定其是否能在金融市场上顺利融资。研究《巴黎协定》对中国 A 股市场上绿色企业和重污染企业证券价格的影响及环境意识对《巴黎协定》与证券价格关系的调节作用可以从意识形态的角度研究环境政策的影响效果，拓展跨学科交叉领域的研究，为绿色金融的发展提供政策参考，更好地指导绿色金融工作。

（3）促进碳金融发展。随着碳排放权交易平台的发展，碳价逐渐被人们关注，为了减少风险和不确定性，人们迫切需要准确性较高的预测模型。现有的碳价预测文献大多直接使用被解释变量自身信息设计预测模型，很少有人考虑环境意识在预测中所起的作用。利用环境意识研究中国碳价可以从一个全新的角度考察中国碳排放权交易市场的发展情况。本书使用构建环境意识综合指数的关键词互联网搜索量及互联网媒体报道量和官方统计数据，对碳价进行预测。此时，会遇到解释变量很多的情况，考虑变量之间的网络结构可以提高预测能力。事实上，把变量的网络特征融入高维变量选择模型中进行高维分析是生物统计领域的一种前沿方法，但在时间序列中并不多见。本书利用复杂网络和 Lasso 改进传统预测模型，尝试提出"基于网络的预测模型"，不仅为基于互联网数据的预测研究提供了新的模型，而且也为寻找碳价影响因素的研究提供了有效的方法，减少碳排放权交易风险，促进碳金融的发展。本书利用改进过的预测模型预测碳价，为中国碳交易市场价格研究提供实证基础。

1.3 主要研究内容及贡献

1.3.1 研究内容

本书的主要研究内容如下：

（1）研究了如何借助互联网数据和基于网络的降维方法来设计方便快捷低成本的环境意识综合指数构建方法，以此反映中国国民的环境意识水平，并研究了环境意识的影响因素。

为了使指数构建方法更加科学，本书不仅同时使用了互联网搜索量和教育程度数据，而且还设计了能够合理利用两类数据的"基于网络的线性回归模型"，此模型区别对待两类数据以便充分发挥各自的优势。大量关键词带来了高维问题，而传统的降维方法忽略了变量之间的相互影响关系，"基于网络的线性回归模型"在处理高维问题时，利用互联网搜索量之间的相互影响关系构建变量网络，克服了传统模型忽略变量之间网络结构的缺点，取得了较好的效果。

然后使用留一交叉验证法（以下简称"LOOCV"）检验了模型的稳健

性，发现"基于网络的线性回归模型"在拟合环境意识时仍然表现最好。作为环境意识的组成成分，环境知识在 2006 年以后有 2010 年和 2013 年两年的权威数据，把 2010 年的数据作为训练集，把 2013 年的数据作为测试集，进一步检验模型的稳健性。在模型的稳健性得到保证之后，使用"基于网络的线性回归模型"构建环境意识综合指数，得到 2010～2016 年连续的环境意识综合指数，并对环境意识的影响因素进行分析。

（2）研究了《巴黎协定》对中国金融证券市场价格的影响，并对其中的原因进行了深入分析，讨论了环境意识对《巴黎协定》与金融证券价格关系的调节作用。

在考察《巴黎协定》对证券市场的影响时，首先使用事件研究法考察了《巴黎协定》的诞生、《巴黎协定》的签署，全国人大常委会批准中国加入《巴黎协定》和《巴黎协定》正式生效这四个重大事件对中国 A 股市场绿色企业及重污染企业证券价格产生的影响，发现绿色资产投资组合在四个重大事件发生前后几日表现较好，也使投资者短期内可以获得一定的正异常收益，重污染资产投资组合在重大事件发生前后几日的表现不是很理想，投资者在短期内并不能获得正异常收益，甚至亏损严重。然后使用三因子模型和五因子模型计算绿色（重污染）资产组合和基准资产组合超额收益率的差值，用此差值来分析《巴黎协定》对证券价格产生的中长期影响，发现《巴黎协定》在中长期并未对绿色股资产投资组合的超额收益率产生显著影响；重污染企业的证券价格也没有因《巴黎协定》一直低迷。

为了对其原因进行深入分析，文章利用互联网数据度量《巴黎协定》的互联网媒体报道量，发现《巴黎协定》媒体报道量与绿色资产投资组合收益率显著正相关。政府对《巴黎协定》非常重视，相应的扶持政策和重大绿色项目批准等都是对绿色产业的重大利好消息，加上媒体的渲染，使得绿色资产投资组合收益率短期上涨。政府对《巴黎协定》的重视不仅会带来绿色产业的利好消息，也会出台限制重污染行业的政策，给重污染企业带来因减排而产生的额外成本，影响企业利润，从而影响股价。不过，媒体的非持续报道和机构投资者对《巴黎协定》的关注不足会影响《巴黎协定》对绿色企业的证券价格。对于重污染行业，重视减排的企业会受环境政策的刺激优化能源结构，向绿色可持续的增长模式转型；不重视减排的重污染企业虽然可能会面临着环境处罚，但我国的环境信息披露政策在 A 股市场上是基本失效的，所以重污染公司股价并没有长期低迷。

环境意识很有可能影响着人们的环境行为。所以本书在探讨了《巴黎协定》对 A 股市场的影响及其原因之后，还讨论了公众环境意识对《巴黎协定》与金融证券价格关系的调节作用。发现当公众环境意识更强时，《巴黎协定》对绿色企业证券价格的短期正面影响及对重污染企业证券价格的短期负面影响更明显。

（3）研究了如何利用构建环境意识综合指数的关键词的互联网数据的特点，改进基于网络的变量选择方法，提出了"基于网络的预测模型"，提高预测碳价的准确性。

为了研究环境意识是否能够帮助我们预测碳价，本书选取国际碳现货价格、碳期货价格、汇率、构建环境意识综合指数的互联网搜索量和互联网媒体报道量作为解释变量，力求用更全面的数据信息预测碳价。考虑到构建环境意识综合指数的关键词很多，在回归的时候会出现解释变量非常多的情况，而变量之间的相互影响关系又会影响预测效果，所以本书利用复杂网络的知识构建了同期解释变量网络，利用网络结构改进了传统预测模型，提出了"基于网络的预测模型"，合理利用构建环境意识综合指数的关键词的互联网数据，提高碳价预测的效果，并使用模拟实验和滚动回归验证模型的稳健性，使预测模型更可靠。

1.3.2 研究贡献

本书的主要贡献如下：

第一，传统环境意识测量方法存在诸多局限，给环境意识与绿色金融关系的研究带来了很大阻碍。本书创新性地研究了如何使用环境意识调查问卷量表对应关键词的互联网搜索量及基于网络的降维方法来帮助构建环境意识综合指数，以此反映中国国民的环境意识水平。本书提供了方便快捷、低成本的环境意识综合指数构建方法、连续的环境意识数据，为环境意识的研究提供了一个可参考的指标，扩展了互联网数据的应用范围，将基于网络的降维方法引入环境社会学领域，为环境意识研究提供了新的理论基础和实证基础。

第二，《巴黎协定》是应对气候变化的新协议，传递了全球将向绿色低碳发展转型的强有力信号。金融市场对政策非常敏感，而金融证券价格又影响绿色企业和重污染企业融资。《巴黎协定》是 2016 年 11 月 4 日才生效的，是非常新的绿色政策，几乎没有人讨论过其对中国金融证券价格的影响及环境意识对《巴黎协定》与金融证券价格关系的调节作用，本书努力填补这一空白。

第三，本书的研究结论对环保相关部门思考如何引导绿色投资和约束污染性投资具有一定的政策意义。

本书发现《巴黎协定》短期内能对绿色企业证券价格产生一定的正面影响，给投资者带来正异常收益，但在中长期并无影响；《巴黎协定》短期内也会对重污染企业证券价格产生一定的负面影响，并不能给投资者带来正异常收益，甚至亏损严重，但重污染企业证券价格并没有因《巴黎协定》而长期低迷。《巴黎协定》媒体报道量的增加可以显著提高绿色资产投资组合的收益率。当公司注册经营地的公众环境意识更强时，《巴黎协定》对金融证券价格的短期影响更明显。

《巴黎协定》对绿色产业来说是政策利好的，媒体对《巴黎协定》报道量的提高不仅能够推广减排理念，而且能够提高公众对低碳投资领域的关注，显著提高绿色组合的收益率。然而，我们发现，只有在《巴黎协定》重大事件发生前后，媒体才会对《巴黎协定》进行大幅报道，其他时候的报道量很小甚至没有。所以，可以加强对《巴黎协定》和绿色投资理念的媒体的宣传与推广，提高投资者对《巴黎协定》的关注，让绿色产业可以获得更稳定的资金支持。

公众环境意识更强时，《巴黎协定》对绿色企业证券价格的短期正面影响和对重污染证券价格的短期负面影响会更加明显。投资者在进行绿色股票投资时，应更多地关注注册经营地环境意识水平高的公司，降低投资风险；金融机构在开发绿色股票指数及相关产品时，也应该考虑公司注册经营地的环境意识水平，提高绿色金融产品的安全性，推动我国绿色金融市场发展，引导更多的社会资本进行绿色投资；环保相关机构在选择低碳试验区时，可以优先考虑环境意识水平较高的地区，因为在这些地区进行绿色消费和绿色投资理念宣传的效果会比较明显，环保治理工作也会更加顺利，让这部分地区的绿色产业先发展起来，然后再在全国范围内推广，逐步实现低碳经济转型。况且，我国的公众环境意识还不是很高，所以，可以加强对公众环境意识的培养，提高公众的绿色投资理念，形成共建生态文明的良好氛围，既可以帮助绿色企业在金融市场上的融资更加顺利，推动绿色企业的发展，也可以从道德层面上约束重污染企业，辅助国家治理重污染企业，促进能源结构转型，打好污染防治的攻坚战。

第四，为了减少碳交易风险，增强碳市场活力，本书提出了"基于网络的预测模型"，也提高了预测碳价的准确性。"基于网络的预测模型"在使用构建环境意识综合指数的关键词的互联网数据预测碳价时，考虑了互联网数据的网络结构特性和时间序列的特殊性，在参数估计和模型选择的同时兼顾变量之间的网络关系，显著地提高了预测精准度。这不仅可以获得较高的预测精度，还可以找出影响碳价的关键因素，同时为基于互联网数据的预测研究提供了新模型，也为碳价预测提供了理论和实证基础。

1.4 本书结构安排

本书共分为 7 章，具体结构安排如下：

第 1 章为绪论。介绍了绿色金融的内涵及国内外发展现状，指出环境意识会影响消费者的环保行为，从而影响消费者的绿色消费行为，所以环境意识对绿色金融资产价格的影响是不容小觑的。不过环境意识的度量方法存在着局限，给环境意识的研究带来了阻碍，由此确立了本书的研究目的及研究意义。最后总结了本书的主要研究内容和创新点，并对本书结构进行简要说明，给出了本书的研究框架。

第 2 章为国内外研究现状。首先对互联网数据的研究现状进行了介绍，总结了互联网数据的主要应用领域，分析了互联网数据度量环境意识的可行性及用互联网数据辅助预测的必要性；其次介绍了用来解决维度过高问题的高维变量选择方法和降维方法的研究情况；再次对环境意识测量方法的国内外研究现状进行了系统梳理，指出环境意识测量需要更多元化的方法；最后详述了国内外应对气候变化的措施及国内外对绿色证券及碳金融的研究现状，指出绿色金融的量化研究较为缺乏。

第 3 章为基于网络的变量选择与降维方法介绍。本章主要对本书涉及的模型及方法进行了系统的介绍，为后文的研究提供了理论基础。本章首先介绍了在大数据的背景下，解决变量维数过高问题的两类常用方法：变量选择方法和降维方法。然后分析了变量之间的网络关系的重要性及变量网络的基本概念和构造方法。最后介绍了几种基于网络的变量选择方法和降维方法，为后文的研究提供了理论基础。

第 4 章为环境意识综合指数构建方法。介绍了使用互联网数据和教育程度构建环境意识综合指数的具体步骤，并将基于网络的降维模型引入环境意识综合指数的构建过程中，对使用不同模型得出的环境意识综合指数进行比较分析，选出最合理的模型，构建环境意识综合指数，使用 LOOCV 验证模型的稳健性，并用环境知识数据对模型进行进一步检验，在模型的可靠性得到保证之后，计算出连续的环境意识数据。最后在分析了环境意识的空间自相关特征之后，采用面板模型对环境意识的影响因素进行了分析，发现经济增长是影响环境意识的显著因素。

第 5 章为巴黎协定、资产价格与环境意识。本章首先使用事件研究法考察了《巴黎协定》的诞生、《巴黎协定》的签署，全国人大常委会批准中国加入《巴黎协定》和《巴黎协定》正式生效这四个重大事件对中国 A 股市场绿色企业及重污染企业证券价格产生的影响；其次使用三因子模型和五因子模型计算绿色（重污染）企业资产组合和基准资产组合超额收益率的差值，用此差值来分析《巴黎协定》对证券价格产生的中长期影响；再次对《巴黎协定》对金融证券价格产生的短期和中长期影响进行了原因分析；最后从环境意识的角度研究了环境意识对《巴黎协定》与金融证券价格关系的调节作用。

第 6 章为环境意识与碳价预测。本章首先介绍了用来预测碳价的解释变量，即国际碳现货价格、碳期货价格、汇率、构建环境意识综合指数的互联网搜索量和互联网媒体报道量；其次为了兼顾解释变量之间的相互影响关系，本章详细介绍了预测模型中的同期解释变量复杂网络的构建方法，并使用此网络和 Lasso 改进传统预测模型，得到"基于网络的预测模型"，同时构建了两个基准模型，并用来进行对比分析；最后经过了模拟实验验证模型的可靠性后，用所有模型预测碳价，使用初步分析和滚动回归的方式对比分析模型预测效果。

第 7 章为研究总结与展望。对全书的主要研究内容进行总结，并指出其中的缺陷和不足，并对今后进一步的研究方向进行展望。

章节相互之间的内在逻辑关系如图 1-1 所示。第 3 章是方法介绍，介绍了基于网络的变量选择与降维方法，其中，基于网络的降维方法被用来构建环境意识综合指数，基于网络的变量选择方法被改进之后得到了新的预测方法，被用在了碳价预测领域。本书的重点在第 4 章、第 5 章和第 6 章。第 4 章借助了第 3 章中介绍的基于网络的降维方法，提出了构建环境意识综合指数的统计方法；第 5 章使用了第 4 章得到的环境意识数据，分析了环境意识对《巴黎协定》与资产价格关系的调节作用；第 6 章改进第 3 章中介绍的基于网络的变量选择方法，并使用第 4 章中构建环境意识综合指数的关键词，提出了"基于网络的预测模型"，也提供了预测碳价的新模型。

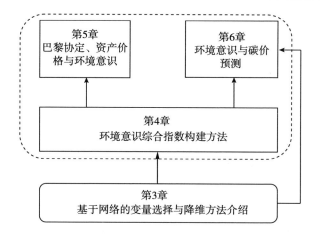

图 1-1　本书结构关系图

第2章 国内外研究现状

本章对互联网数据、高维问题、环境意识度量方法、应对气候变化政策及其效应、碳金融的国内外研究现状进行了系统的梳理及述评。

2.1 互联网数据研究现状

Armah（2013）指出，大数据是指巨大多样的数据集，包括结构化数据和非结构化数据。作为全球最大的中文搜索引擎，百度拥有自己的大数据，以海量网民行为数据为基础，百度搭建了百度指数数据平台，包括基于单个词的趋势研究等功能模块。百度趋势研究包括百度搜索指数和百度媒体指数。百度媒体指数是百度新闻频道收录的新闻标题中包含关键词的互联网媒体新闻报道数量，百度媒体指数可以用来量化关键词的互联网媒体报道量。百度搜索指数是网民在百度对关键词进行搜索时产生的搜索频次加权和，与百度媒体指数无直接关系，百度搜索指数可以用来量化关键词的互联网搜索量，两者都可以在百度指数网站①获得。

　　根据搜索来源的不同，百度搜索指数又分为整体搜索指数、PC 端搜索指数和移动端搜索指数。对于 PC 端搜索指数，百度可以提供 2006 年以后的数据，而移动端搜索指数，百度只提供 2011 年以后的数据。并且，百度还统计了不同地区的搜索指数，可以查询到中国 34 个省级行政单位及部分城市的百度搜索指数，不过，香港、澳门、台湾的百度搜索指数数据较不完整。值得注意的是，早些年的分地区搜索指数存在一定的缺失，如关键词"大气污染"2007 年的全国 PC 端百度搜索指数平均值为 273，但 34 个地区的所有城市的分地区百度搜索指数却全为 0，所以，虽然百度提供 2006 年以后的 PC 端搜索指数，但过早年份的分地区数据却不宜选用。

　　除了百度，谷歌的谷歌趋势（Google Trends）也提供了关键词在谷歌的搜索量查询，但谷歌在中国的使用量并不是很多，所以百度指数更能反映中国公民使用搜索引擎的情况。

　　随着互联网技术的发展，用互联网搜索数据度量关注度、感知、认知状况、认知态度和行为选择的研究逐渐出现。Ripberger（2011）使用谷歌趋势测量公众关注度，并与《纽约时报》公众关注度数据进行比较，发现对于全球变暖、健康医疗和恐怖袭击等事件，网络搜索构建出来的公众关注度收敛有效。俞庆进和张兵（2012）用百度搜索指数衡量投资者有限关注，研究了百度指数与股票市场表现的相关性，得出投资者有限关注会给股票带来正面压力。杨欣和吕本富（2014）使用 41 个关键词的百度搜索量构建了宏观经济形势关注度指数、动车板块行情关注度指数、微观股民行动指数和事件关注度指数，并利用这些指数分析了动车突发事件对股市的影响，还发现突发事件关注度对股市波动的解释能力较好。曾建光（2015）

----

① 百度指数网站网址为：http://index.baidu.com.

用"余额宝被盗"关键词的百度搜索指数构建网络安全风险感知，研究其对互联网金融资产定价产生的影响，发现投资者的网络安全风险感知越强，期望获得的风险补偿也就越高，并且移动互联网端的投资者比 PC 端的投资者网络安全风险感知更强，期望得到的风险补偿更高。张兴祥和洪永淼（2017）用百度指数和谷歌指数度量"中国梦"和"美国梦"的网络关注度，研究了两个国家梦的相关性。徐映梅和高一铭（2017）使用百度搜索指数构建了 CPI 的舆情指数，用来描述人们对 CPI 变动的认知状况、认知态度和行为选择。

在网络技术发达的今天，互联网搜索数据已成为一个重要的预测工具，借助互联网数据可以提高预测的准确性。Choi 和 Varian（2009）使用失业和福利相关关键词的搜索量提高了预测领取失业保险的精度。张茜等（2016）同时使用传统数据、百度指数及新浪微指数预测电视综艺节目收视率，发现百度指数和新浪微指数的加入能提高预测准确性。Bulut（2017）用谷歌趋势预测了 11 个国家的汇率，发现使用谷歌搜索量进行预测可以取得比结构模型更好的样本外预测效果。互联网数据为预测研究提供了更多更全面的资源，但是也带来了噪声，在预测时如何有效地利用这些数据是研究的关键，所以逐渐出现了一些基于互联网数据预测模型的研究。刘涛雄和徐晓飞（2015）讨论了不同模型下互联网搜索行为的宏观经济预测效果，得出选择合适的模型是使用互联网搜索行为预测宏观经济的关键所在。李晓炫等（2017）使用网络搜索数据预测旅游客流量时，发现在选用合适的模型处理网络搜索数据可以更好地发挥数据的价值，从而提高预测能力。

所以，互联网数据是量化人的主观感知和态度的良好工具，大量数据的背景下选择合适的方法和模型却是极具挑战性的工作。

2.2　高维研究现状

　　使用互联网数据进行研究时，往往会遇到维数较高的情形，普通的参数估计方法将表现不好甚至不再适用，当观测值个数小于变量个数时，就出现了"高维"问题，处理这类问题需要用到变量选择方法或降维方法。

　　变量选择方法是近几年兴起的一类处理维数过高问题的方法，不仅在生物统计领域中有广泛的应用，而且也逐渐被引入经济金融领域。主要有逐步选择、最优子集选择、Lasso、Elastic net、Fused Lasso、Adaptive Lasso、bridge、SCAD（Smoothly Clipped Absolute Deviation）、MCP（Minimax Concave Penality）、U 估计、Boosting、Sparse Boosting、TGDR 和贝叶斯方法等。Wang 等（2007）把 Lasso 扩展到了含自回归误差的回归模型及含外生变量的自回归模型。Hsu 等（2008）使用 Lasso 对向量自回归模型进行了模型选择。方匡南等（2014）把 Lasso 引入信用风险预警领域，用 Lasso-logistic 模型进行了个人信用风险分析，并且与传统模型进行了对比，结果显示 Lasso-logistic 表现最好。李仲达等（2015）使用高维稀疏 VAR 对城市住宅销售价格进行了预测，发现高维稀疏 VAR 可以挑选出重要的解释变量，进而提高预测效果。胡亚南等（2017）使用稀疏 VAR 分析了股票收益率的关系。

　　降维方法主要有主成分分析、偏最小二乘和独立成分分析等。主成分回归是一个能够捕捉变量波动的有效降维方法（Alter 等，2000）。刘家宏等（2011）考虑到当变量较多时会出现变量信息重叠问题，所以采用主成分回归研究是影响区域粮食产量波动的关键因素。范祚军、常雅丽和黄立群

（2014）为了消除因为变量较多而带来的多重共线性，用主成分回归分析影响储蓄率的主要因素。

随着网络研究的盛行，学者们发现变量之间其实也存在网络结构，并且提出在处理高维问题的同时应该兼顾变量之间的网络结构。Huang 等（2011）考虑变量之间的网络结构，使用 MCP 和拉普拉斯二次方的组合形式构造惩罚函数，提出了稀疏拉普拉斯压缩（Sparse Laplacian Shrinkage，SLS）变量选择方法，提高了预测效果。Ma 等（2012）针对如何识别致病标识提出了网络稀疏 Boosting（Network Sparse Boosting，NSBoost）。NSBoost 先利用 WGCNA 工具构建一个基因网络，并把网络切割成若干个模块，然后分两步完成致病标识的识别，第一步在每个模块内使用 Sparse Boosting 识别出模块内致病标识（Super Markers），第二步对所有的 Super Markers 再使用 Sparse Boosting 进行模块间的标识选择，最后剩下来的 Super Markers 就是导致疾病的标识。实证结果表明融入网络特征的 NSBoost 优于没有考虑网络的 Sparse Boosting。方匡南等（2016）在 Logistic 模型中融入了变量网络结构，发现基于网络的 Logistic 模型在企业信用风险预警具有优良的表现。

可见，变量选择与降维方法是解决高维问题的有效方法，但当变量之间存在网络结构时，基于网络的变量选择与降维方法会更有效。

2.3　环境意识度量方法研究现状

环境意识的测量主要是采用问卷调查法。Maloney 和 Ward（1973）提出的"生态态度与知识量表"（Ecological Attitudes and Knowledge）是美国影响力最大的量表之一，包含情感、知识、行为意愿和行为四个子量表，一共 130 个项目，角度全面但却过于复杂，Maloney 等（1975）又对量表进行了简化，得到了 45 个项目。Dunlap 和 Van Liere（1978）提出了"新环境范式量表"（New Environmental Paradigm，NEP），包含 12 个项目，但随着环境问题的改变，1978 版 NEP 量表的很多项都已经"过时"，Dunlap 等（2000）又对 NEP 进行了修订，提出了新生态范式量表（New Ecological Paradigm，NEP），包含 15 个项目。目前，NEP 已经成为全球测量环境意识最广泛使用的工具（Dunlap，2008）。

我国的环境意识调查研究较为滞后。具有代表性的公众环境意识调查有国家环境保护总局和教育部（1998）编写的"全国公众环境意识调查"①，中国环境文化促进会（2005~2008 年）编制的"中国公众环保民生指数"② 等。这些数据都是较早年份的调查数据，随着国民整体环境意识的改变，这些数据具有严重的滞后性。

中国综合社会调查项目（Chinese General Social Survey，CGSS)③ 是中国大型抽样调查项目中拥有较新和较连续数据的项目，并于 2007 年加入

---

① "全公众环境意识调查"是国家环保总局和教育部立项的，北京大学中国国情研究中心设计并实施的大型抽样调查项目。其调查问卷主要包括公众对环境问题的认知；公众的环境知识水平、环境法律意识和环境道德水平；公众的环境行为；公众对政府环境工作的看法和评价；公众对经济建设与环境保护协调发展基本方针的认识以及受访者个人背景资料。

② "中国公众环保民生指数"是由中国环境文化促进会编制的国内首个环保指数。访问方式为电话访问、客户陈述、拦访、农村访问、入户访问和上门访问。"2007 中国公众环保民生指数"中环境意识指标的二级指标为环保知识和环保态度，三级指标为公众环保知识掌握度、对环境工作的认识、对环境状况的认识、对环境问题的态度、对解决环境问题的态度和为环保付出代价，通过对三级指标加权的方式得到二级指标，再通过对二级指标加权的方式得到环境意识指标。（中国环境文化促进会官网：http://www.tt65.net/）

③ "中国综合社会调查项目"是从 2003 年开始，由中国人民大学中国调查与数据中心负责执行的，是我国最早的全国性、综合性、连续性的年度学术社会调查项目。已公布 2003 年、2005 年、2006 年、2008 年、2010 年、2011 年、2012 年、2013 年和 2015 年的年度中国综合社会调查数据。

国际社会调查项目（International Social Survey Programme，ISSP）。ISSP 是一个影响广泛的跨国合作调查项目，CGSS 作为 ISSP 的会员，按 ISSP 的章程，按期提供中国的社会调查数据。CGSS 提供的数据较为全面，虽然没有直接给出环境意识综合指数，但环境模型（B 卷）包含了环境关心量表 NEP、环境知识、环境状态认知和环境行为等的相关调查结果，既有综合性的量表，也有单项的量表，可以用来计算环境意识。中国综合社会调查项目在 2003 年启动调查时，就由洪大用引入了 2000 版 NEP 量表，洪大用等在对其适用性进行考察之后，发现基于 CGSS 2003 数据的 2000 版量表存在内部一致性不强等缺陷（洪大用，2006；肖晨阳、洪大用，2007）。所以，洪大用对 2000 版量表进行改造之后，提出了"中国版 NEP 量表"（CNEP），同时检验后发现 CNEP 具有较好的信度和效用水平（洪大用，2014）。

这些问卷调查结果经常被用来度量环境意识。王玉君和韩冬临（2016）基于 CGSS 2013 年数据，分析了经济发展和环境污染对环保行为的影响，使用 CGSS 2013 环境知识量表度量个人环保知识，发现个人环保知识、环境污染感知、收入和教育对个人环保行为有正面影响。胡珺等（2017）用"2007 中国各省公众环保民生指数"度量环境意识后，发现高管家乡公众环境意识可以加强非正式制度对企业环境绩效的促进作用。

虽然有不少文献对使用问卷调查得到的环境意识指标进行科学研究，但问卷调查的方式不仅存在依赖于选取的样本，而且存在执行成本大和访问时间长等缺陷。环境意识的研究需要多元化的方法体系。事实上，也出现了一些学者采用其他方式研究环境意识。范金和陈锡康（2000）用人们对理想环境质量的欲望表示消费者环境意识，得出环境意识与消费水平正相关。Yakita 和 Yamauchi（2011）用消费者对环境友好的敏感程度描述环保意识，指出环境意识会影响环境友好型产品的销量。Liu 等（2012）用消费者对厂商环境友好程度的敏感系数表示环保意识，使用 Stackelberg 博弈模型分析发现，随着消费者环保意识的提高，有着卓越环保运营的零售商和厂商将会不断受益。熊中楷等（2014）用消费者对制造商碳排放量的敏感系数表示环境意识，还使用 Stackelberg 博弈模型分析发现，政府碳税和消费者环境意识会影响制造商的单位碳排放量，若政府碳税和消费者环境意识增加，清洁型制造商的最优单位碳排放量会减少，但污染型制造商的最优单位碳排放量会增加。不过，这些文献只是从理论上或者数值演示上讨论环境意识在相关领域所起的作用，并没有给出环境意识的具体计算方法。王兵等（2010）使用教育程度代理公众的环境意识，发现公众的环境意识与环境效率显著正相关。其中，教育程度采用 6 岁及以上人口中高中以上学历人口的比重，使用此指标代理环境意识不是很合理。

这些文献均说明，环境意识对绿色发展起着很重要的作用，不过，环境意识的衡量方法还存在改进的空间。

2.4 应对气候变化政策及其效应研究现状

1981~1990 年全球平均气温比 100 年前上升了 0.48 摄氏度，大量使用煤和石油等矿物燃料会排放出大量温室气体，这是导致全球气候变暖的主要原因。温室气体的排放会带来地球温度升高、高山冰川退化、海平面上升、生物多样性减少和雾霾等灾难，严重影响了人类生存和自然平衡。

为了应对气候变化，1992 年 154 个国家在联合国环境与发展会议上签署了《联合国气候变化框架公约》，这是历史上第一个为了全面地控制温室气体排放，以应对全球气候变化的国际公约。2005 年 2 月 16 日，《京都议定书》正式强制生效，以法规的形式让所有签署国承担起"将大气中的温室气体含量稳定在一个适当水平"的责任，以此控制全球温室气体的排放。2015 年 12 月 12 日，在巴黎气候变化大会上《巴黎协定》诞生了，作为全球气候变化的新协定，《巴黎协定》对 2020 年后全球应对气候变化行动做出了安排，提出要把全球平均气温较工业化前水平升高幅度控制在 2 摄氏度之内，并推动进一步将升温控制在 1.5 摄氏度之内，努力控制全球平均气温，尽快实现温室气体零排放。2016 年 4 月 22 日，175 个国家签署了《巴黎协定》。2016 年 11 月 4 日，《巴黎协定》正式生效，成为批约生效最快的国际条约之一。《巴黎协定》是在《联合国气候变化框架公约》下，继《京都议定书》后又一份具有法律约束力的气候协议，传递了全球将向绿色低碳发展转型的强有力信号。

中国是温室气体排放大国，2013 年中国的二氧化碳排放量占全球的 27.1%，2014 年，中国 74 个主要城市中空气达标的只有 8 个，中国空气污染成本占 GDP 比重达 6.5%[①]。中国一直积极努力地应对气候变化，推进绿色低碳发展。中国不仅签署了《京都议定书》还签署了《巴黎协定》。早在 2010 年，《国务院关于加快培育和发展战略性新兴产业的决定》就提出要建立和完善主要污染物和碳排放交易制度。2015 年中国提交了"国家自主贡献"，承诺将于 2030 年左右使二氧化碳排放达到峰值并争取尽早实现，单位国内生产总值二氧化碳排放要比 2005 年下降 60%~65%。"十二五"期

---

① 资料来源：《国务院关于节能减排工作情况的报告（2014）》；中国环境保护部发布的《2014 年中国环境状况公报》。2015 年 1 月，兰德公司发布 "Costs of Selected Policies to Address Air Pollution in China"。

间，中国碳强度累计下降了 20%，超额完成了"十二五"规划目标。2016 年 11 月 4 日，国务院公布了《"十三五"控制温室气体排放工作方案》，提出到 2020 年，单位国内生产总值二氧化碳排放要比 2015 年下降 18%。"十三五"规划中提出节能增效，改善能源结构，增加能源碳汇，启动全国碳交易市场，开展低碳园区、低碳试点等一系列减排方案。

股票市场对政策非常敏感，但研究绿色政策对金融证券市场影响的文献却并不是很多。Linn（2006）和 Bushnell 等（2009）分析了碳市场价格变换和环境政策等外部刺激对绿色能源公司股价产生的影响。Ramiah 等（2013）分析了澳大利亚 2005~2011 年 19 次环保政策对澳大利亚上市公司股价产生的影响，实证结果显示澳大利亚市场对碳污染减少方案的颁布很敏感，绿色政策会影响行业的长期系统风险。韩乾和洪永淼（2014）研究了国家产业政策对资产价格和投资者行为产生的影响，其中，国家新兴战略性产业政策涵盖了节能环保等 7 个产业。研究结果显示国家新兴战略性产业政策颁布后投资者短期能获得超额收益，中长期对收益率无影响，并指出投资者对新信息反应度的不同是导致此现象的主要原因，从投资者交易行为的角度做出了解释。

《巴黎协定》是应对气候变化的新协定，也是促进绿色低碳转型的重要绿色政策，研究其对中国金融市场的影响很有必要。

2.5 碳金融研究现状

《京都议定书》提供了三种灵活机制来帮助各国完成减排目标：国际排

放贸易机制（IET）、清洁发展机制（CDM）和联合履行机制（JI）。当各国无法如期完成减排目标时，可以在基于这三种灵活机制的碳排放权交易市场上，把碳排放权当成一种商品，通过碳交易获得碳排放权，《京都议定书》催生了碳排放权交易。《巴黎协定》也提供了灵活的机制来鼓励各国实现国家自主贡献（NDC），截至 2017 年 5 月 1 日，已有 165 个国家提交了国家自主贡献预案，很多预案都提到了排放权交易体系，《巴黎协定》将促进碳交易市场的发展。利用碳排放交易体系可以有效地控制以二氧化碳为代表的一些温室气体的排放，进而改善温室效应。

排放交易分为强制计划和自愿计划两种模式。强制计划市场是根据每年预先设定的温室气体排放限制，判断经济行为者（如工厂等）的温室气体排放量是否低于"上限"。如果低于"上限"，则这些行为者可以获得多余的排放限额，而这些排放限额既可以用来出售，从中获利，也可以留着日后使用。如果超过年度排放限额，那么这些行为者必须在碳交易市场上购买排放限额，否则将会面临罚款。当然，行为者也可以提前购买排放限额，预存额度。自愿计划市场是在强制计划市场之外的，对强制计划市场会产生一定的影响，多被用于测试①。

2005 年 1 月，欧盟碳排放交易体系（EU ETS）正式实施，成为第一个也是目前全球最大的碳排放权交易体系。众多碳交易所随之兴起，目前最大的碳交易所是洲际交易所（ICE）。

2013 年 6 月 18 日，中国在深圳启动了第一个碳排放权交易试点，紧接着，上海、北京、广东、天津、湖北、重庆等省市也先后启动了碳交易试点，截至 2017 年底，累计成交量超过 2 亿吨二氧化碳当量，累计成交额超

---

① 气候现实项目中国与世青创新中心、Youth4SDG，《2017 碳定价手册》，波恩联合国气候大会。

过 47 亿元人民币，碳排放总量和碳排放强度出现了双降趋势，有效地控制了温室气体的排放。不过，7 个试点的流动性仍旧较低，还没有形成良好的价格机制，市场有效性不足，企业参与碳交易并不是主动寻求投资机会，而是受地方政府的履约驱动。7 个试点的减排效果也存在差异，其中湖北、广东和深圳表现较好，但天津却未能实现有效减排[①]。2017 年 12 月 19 日，全国碳排放交易体系正式启动，以发电行业为突破口，全国统一碳市场建设就此拉开帷幕。中国碳排放交易体系目前正处于建设的初级阶段，一旦完成建设，中国将拥有全球最大的碳市场。中国将利用经济手段推动企业转型升级，以及利用市场机制控制温室气体的排放，帮助实现绿色低碳可持续发展。

　　目前对碳金融的研究更多地集中在国际经验研究、交易市场的机制设计、碳定价和风险管理等方面。对碳价预测的文献较少，不过随着国内外碳交易市场的日趋成熟，也逐渐出现了一些碳价预测的文献。

　　21 世纪初，国际上开始研究碳价的预测问题，主要是使用自回归滑动平均模型（ARMA）、自回归条件异方差模型（ARCH）和广义自回归条件异方差模型（GARCH）等经典时间序列模型进行预测。比如，Chevallier（2010）等在预测 EUA 现货、EUA 期货和 CER 期货价格时，发现 AR（1）-GARCH（1，1）在预测 EUA 和 CER 价格波动时表现较好；Byun 和 Cho（2013）得出 GARCH 模型在预测碳期货价格的波动性时可以取得比隐含波动率和 K 近邻算法更好的预测效果。但是，使用单一模型预测碳价可能会出现把信息同质化的问题，影响预测精度，而多频率分解方法可以帮助解决这一问题。朱帮助等（2012）利用经验模态分解法（EMD）考察了不同模态下碳价的影响因素；Li 和 Lu（2015）使用深圳、上海、北京、

---

① 低碳经济蓝皮书《中国低碳经济发展报告 2017》。

广东和天津 5 个试点的交易数据，把 EMD 算法和 GARCH 模型结合，对 5 个试点 2016 年以前的碳价进行了预测，再使用可计算一般均衡模型（CGE）分析价格区间，得出每吨二氧化碳当量价格在 30～50 元较为合理，为建设统一碳交易市场提供了价格参考。张晨和杨仙子（2016）通过构建多频组合模型，提高了预测中国区域性碳价的精度。有些学者也通过考虑非线性特征提高预测能力，比如，Zhu 和 Wei（2013）融合了最小二乘支持向量机（LSSVM）和 ARIMA 的优势，提出了兼顾非线性和线性的综合预测方法，使用新算法预测了欧盟气候交易所（ECX）的 DEC10 和 DEC12 两个碳期货合约的价格，获得了不错的表现。

然而，这些预测碳价的文献大多直接使用被解释变量自身信息设计预测模型，很少有人考虑环境意识在预测中所起的作用。利用环境意识研究中国碳价可以从一个全新的角度考察中国碳交易市场的发展情况。

第3章 基于网络的变量选择与
降维方法介绍

3.1 问题的提出

大数据带来了海量的信息，为我们提供了不可多得的资源，同时也给统计和数据挖掘带来了挑战。大数据的复杂性不仅表现出样本量巨大，而且表现出高维、稀疏的特点。

令 Y 为因变量，$X=（X_1，X_2，\cdots，X_p）$ 为 p 个自变量，并假设有 n 个观测值，标准的多元线性回归模型为：

$$Y=\beta_0+\beta_1 X_1+\beta_2 X_2+\cdots+\beta_p X_p+\epsilon \tag{3-1}$$

当观测值个数比变量个数大很多时，最小二乘估计可以取得较低的方差，并且拥有较好的预测效果。但当观测值个数没有比变量个数大很多时，最小二乘估计会产生较大的方差，从而出现过度拟合，导致预测效果较差。

而当观测值个数小于变量个数时，就出现了"高维"问题，此时系数参数的最小二乘估计不再唯一，最小二乘估计产生的方差将无限大，最小二乘估计也就不再适用（James、Witten、Hastie 和 Tibshirani，2013）。

处理这类问题需要用到变量选择方法或降维方法，变量选择方法的处理方式是从原解释变量中挑选出一部分变量，而降维方法的处理方式则是把大量解释变量转变成少数几个具有代表特征的变量，两者都可以达到减少方差的目的，且两种方法的表现依赖于数据，两种方法既可以单独使用也可以联合使用。本章将对这两种方法进行系统的梳理。

研究框架如下：第二部分阐述了变量选择方法的原理及常见的变量选择方法；第三部分阐述了降维方法的原理及常见的降维方法；第四部分介绍了基于网络的变量选择方法和降维方法；第五部分是本章小结。

3.2 变量选择方法

大量的变量虽然为研究提供了更多的信息，但是在有些情况下，并不是所有的解释变量都与被解释变量有联系，有些解释变量对被解释变量的贡献不大甚至没有贡献，可剔除这些变量。因为不相干的变量会增加模型的复杂度、计算量，甚至会影响模型的估计和预测效果，所以剔除一些不相干的变量不仅可以让模型更加简约，而且还使得模型具有更好的解释性。

传统的变量选择方法有逐步选择（Stepwise Selection）和最优子集选择（Best Subset Selection）等子集选择法，这些方法是从 p 个自变量中识别出一个子集，然后再使用最小二乘法在子集上拟合一个模型。在处理高维问题时，这些方法不仅稳定性比较差，而且还需要耗费大量的计算力。

现代的变量选择方法有 Lasso 等压缩法（Shrinkage），这类方法通过惩罚控制变量个数，又称为惩罚方法（Penalization），虽然是使用一个自变量进行回归，但估计的参数会被压缩，贡献不大或者没有贡献变量的参数估计值会被压缩为零，达到选择变量的效果。

接下来详细介绍几种常用的变量选择方法。

3.2.1 Lasso

Tibshirani（1996）提出了 Lasso（Least Absolute Shrinkage and Selection Operator）方法，在最小二乘法的基础上增加了一个惩罚项，利用约束系数估计技术显著减少方差，达到提高预测精度的作用，不仅克服了子集选择法稳定性差和计算成本高等缺点，而且可以在变量选择的同时完成参数估计，成为模型选择的常用方法。事实上，岭回归（Ridge Regression）也使用了惩罚项进行系数参数压缩，虽然也可以用来解决维数过高的问题，且比子集选择法更稳定，但岭回归只进行系数压缩，并不剔除变量，不能降低模型的复杂度，这使得模型的解释性不强。

Lasso 的参数估计值 $\hat{\beta}$ 通过最小化公式得到：

$$\sum_{i=1}^{n} \left(y_i - \beta_0 - \sum_{j=1}^{p} \beta_j x_{ij} \right)^2 + \lambda \sum_{j=1}^{p} |\beta_j| \qquad (3-2)$$

其中，第一部分为残差平方和，第二部分为 Lasso 惩罚项，又称为 l_1 惩罚项，$\|\beta\|_1 = \sum_{j=1}^{p} |\beta_j|$，称为 l_1 范数，岭回归中的惩罚项为 $\lambda \sum_{j=1}^{p} \beta_j^2$，称为 l_2 惩罚项。λ 为非负调和参数（Tuning Parameter），当 λ 足够大时，一些系数参数将直接被估计为零，λ 越大，惩罚越大，被剔除的变量则越多，留下

的变量就越少；λ 越小，惩罚越小，被剔除的变量就越少，留下的变量就越多，当 $\lambda=0$ 时，其实就是最小二乘估计。

Lasso 参数估计的另外一种形式通过最小化公式得出：

$$\sum_{i=1}^{n} (y_i - \beta_0 - \sum_{j=1}^{p} \beta_j x_{ij})^2 \quad \text{subject to} \sum_{j=1}^{p} |\beta_j| \leqslant s \quad (3-3)$$

通过求解式（3-3）得到参数估计值 $\hat{\beta}$，也就是说，对于式（3-2）中的每一个 λ，都对应着一个 s，在这个 s 的约束下，通过求解式（3-3）可以得到相同的 Lasso 参数估计值。

λ 的大小决定了模型最终选择什么变量，通常使用交叉验证法选择 λ。交叉验证法（Cross-Validation, CV）是一种经典的重抽样方法，CV 随机地把全样本拆分成训练集和测试集，首先使用训练集进行拟合，然后使用测试集进行预测，从而估算出测试集的 MSE，以此来评价模型的好坏。使用 CV 选择 λ 的步骤如下：首先给定一系列 λ 值，其次计算每一个 λ 的交叉验证误差，即测试集 MSE，最后选择一个使得交叉验证误差最小的 λ，用所有观测值和选出来的 λ 重新拟合。

Lasso 的实现算法主要有最小角回归法（Least Angle Regression, LARS）、坐标轴下降法（Coordinate Descent, CD）和 Boosting 等。

Lasso 提出来之后，逐渐出现了很多拓展形式。比如，Elastic Net 将惩罚项设置为 $\lambda_1 \sum_{j=1}^{p} |\beta_j| + \lambda_2 \sum_{j=1}^{p} \beta_j^2$，这么做是考虑到当自变量高度相关时，Lasso 经常选出过于稀疏的模型，而岭回归又具有不剔除变量的特点，所以借助岭回归的惩罚项来克服 Lasso 过于稀疏的特点。又如，Fused Lasso 的惩罚项形式为 $\lambda_1 \sum_{j=1}^{p} |\beta_j| + \lambda_2 \sum_{j=1}^{p} |\beta_i - \beta_{i-1}|$，使得相邻的估计更平滑。

3.2.2　加权 Lasso

加权 Lasso 也是 Lasso 的一种拓展形式，与 Lasso 的区别在于：加权 Lasso 对惩罚项系数进行了加权。

一个很有名的加权 Lasso 就是 Zou（2006）提出的自适应 Lasso（Adaptive Lasso）方法。虽然 Lasso 被提出来之后被广泛应用于各个领域并且有很多种拓展版本，但其实 Lasso 并不具有 Oracle 性质。为了克服这一点，Zou（2006）对惩罚项系数进行了自适应加权，并证明在一定条件下，Adaptive Lasso 可以满足 Oracle 性质。基于线性回归的 Adaptive Lasso 参数估计值通过最小化公式得到：

$$\sum_{i=1}^{n}(y_i-\beta_0-\sum_{j=1}^{p}\beta_j x_{ij})^2+\lambda\sum_{j=1}^{p}\omega_j\mid\beta_j\mid \tag{3-4}$$

第一部分仍旧为残差平方和，第二部分为惩罚项。$\omega=(\omega_1,\omega_2,\cdots,\omega_p)'$为权重向量。Zou 证明当 ω 取 $\hat{\omega}=1/\mid\hat{\beta}_{ols}\mid^\gamma$ 时，此模型可以具有 Oracle 性质。其中，$\hat{\beta}_{ols}$ 为最小二乘估计（OLS）所得的系数，Zou 把使用 $\hat{\omega}=1/\mid\hat{\beta}_{ols}\mid^\gamma$ 进行加权的惩罚项称作 Adaptive Lasso 惩罚项，并通过二维交叉验证找出最优参数对（γ，λ）。

但是，Adaptive Lasso 需要一个初始估计，当遇到高维数据时，初始估计可能不存在。

除此之外，Boosting、bridge、SCAD、MCP、U 估计（U - estimates）、Sparse Boosting、TGDR（Threshold Gradient Directed Regularization）和贝叶斯方法（Bayesian Methods）均可实现变量选择。

3.3 降维方法

变量选择方法具有较好的解释性，但因为是从原解释变量中挑选出一部分变量，而舍弃剩下的变量，这样做会导致这部分变量的信息丢失。降维方法则保留了所有解释变量，通过计算变量的线性组合得到少数几个新的变量，将新的变量作为自变量进行回归分析。

降维方法通常经过如下两个步骤完成：

第一步，合成 $m_p < p$ 个变量 Z_1，Z_2，$\cdots$，Z_{m_p}，这 m_p 个变量是原始自变量的线性组合，即：

$$Z_k = \sum_{j=1}^{p} \alpha_{jk} X_j, \ k = 1, \ 2, \ \cdots, \ m_p \text{。}$$

第二步，把这 m_p 个变量作为新的自变量构建线性回归模型：

$$y_i = \theta_0 + \sum_{k=1}^{m_p} \theta_k z_{ik} + \varepsilon_i, \ i = 1, \ 2, \ \cdots, \ n \tag{3-5}$$

新模型把原本要估计 $p+1$ 个参数的问题变成了估计 $m_p + 1$ 个参数的问题，减少了参数估计的个数，达到了降低维度的效果。当 α_{1k}，α_{2k}，$\cdots$，α_{pk} 选择合适时，模型（3-5）的拟合效果是要优于原线性回归模型（3-1）的。

常见的降维方法有主成分分析（Principal Components Analysis，PCA）、偏最小二乘（Partial Least Squares，PLS）和独立成分分析（Independent Componet Analysis，ICA）等。

接下来详细介绍主成分分析法及主成分回归模型。

主成分分析法是一个从大量变量中提取一个低维特征集合的流行技术。当我们遇到大量变量时，变量之间很有可能存在多重共线性，主成分分析法可以把原始变量的大部分信息通过少数几个代表变量来反映，起到降低维度的作用。这些低维的代表变量称为主成分。

主成分的求解过程如下所示（高铁梅等，2009）：

设 p 个变量组成的随机向量为 $X = (X_1, X_2, \cdots, X_p)'$，且 $E(X) = \mu$，$\mathrm{cov}(X) = \Sigma$。对 X 进行线性变换，得到随机向量 $Z = (Z_1, Z_2, \cdots, Z_p)'$，即：

$$\begin{bmatrix} Z_1 \\ Z_2 \\ \vdots \\ Z_p \end{bmatrix} = \begin{bmatrix} \alpha_{11} & \alpha_{12} & \cdots & \alpha_{1p} \\ \alpha_{21} & \alpha_{22} & \cdots & \alpha_{2p} \\ \vdots & \vdots & \ddots & \vdots \\ \alpha_{p1} & \alpha_{p1} & \cdots & \alpha_{pp} \end{bmatrix} \begin{bmatrix} X_1 \\ X_2 \\ \vdots \\ X_p \end{bmatrix}$$

令 $A = (\alpha_1, \alpha_2, \cdots, \alpha_p)'$，其中，$\alpha_k = (\alpha_{k1}, \alpha_{k2}, \cdots, \alpha_{kp})'$，则：

$$Z = AX$$

为了消除不确定性，约束 $\alpha'_k \alpha_k = 1$。Z_1 为在满足约束条件的情况下，方差最大的变量，称之为第一主成分；Z_2 为在满足约束条件且与 Z_1 不相关的情况下，方差最大的变量，称之为第二主成分；以此类推，就可以得到原始变量的所有主成分。

设 Σ 的特征值为 $\lambda_1 \geqslant \lambda_2 \geqslant \cdots \geqslant \lambda_p \geqslant 0$，对应的标准正交特征向量为 e_1，e_2，$\cdots$，e_p。令 $Z_1 = \alpha'_1 X$，则 $\mathrm{var}(Z_1) = \alpha'_1 \Sigma \alpha_1$，在满足约束条件的前提下让方差最大，就有：

$$\alpha'_1 \Sigma \alpha_1 = \alpha'_1 \left(\sum_{i=1}^{p} \lambda_i e_i e'_i \right) \alpha_1$$
$$\leqslant \lambda_1 \alpha'_1 I \alpha_1$$

当 $\alpha_1 = e_1$ 时，$Z_1 = e'_1 X$，此时 Z_1 的方差达到最大，即 var（Z_1）= $e'_1 \Sigma e_1 = \lambda_1$。同理，当 $\alpha_k = e_k$ 时，$Z_k = e'_k X$，此时 var（Z_k）= λ_k，且 cov（Z_k，Z_j）= 0，$k \neq j$，k，$j = 1$，2，$\cdots$，p。

所以，p 个主成分为：

$Z_1 = e'_1 X$，$Z_2 = e'_2 X$，$\cdots$，$Z_p = e'_p X$。

且 var（Z_k）= λ_k，$k = 1$，2，$\cdots$，p；cov（Z_k，Z_j）= 0，$k \neq j$，k，$j = 1$，2，$\cdots$，p；$\sum_{k=1}^{p}$ var（Z_k）= $\sum_{k=1}^{p} \lambda_k$。主成分分析法把 p 个原始自变量的总方差分解成不相关的主成分的方差之和，第 k 个主成分的贡献度定义为总方差中被此主成分所解释的比例，即：

$$\frac{\lambda_k}{\lambda_1 + \lambda_2 + \cdots + \lambda_p}$$

前 m_p 个主成分的累计贡献度定义为前 m_p 个主成分的贡献度之和。当主成分的累计贡献率足够大时，提取的主成分就能够代表原始变量的绝大部分信息。

把 PCA 降维技术应用到回归中，就是主成分回归（Principal Components Regression，PCR）。PCR 中的 m_p 个新的变量是对原始自变量进行主成分分析提取出的前 m_p 个主成分。

3.4　基于网络的变量选择和降维方法

不过，这些方法使用的前提是所有变量都是平等的，即变量在估计时可以交换。但经验数据告诉我们，解释变量之间并不是完全平等的，所以，后来有学者提出了 Group Lasso （2006） 等分组惩罚方法及 SGL（Sparse Group Lasso）（2013） 等双层变量惩罚方法。这些方法考虑了解释变量之间的聚类关系，对不同组的变量进行了区别对待，在一定程度上提高了变量选择的效果。但基于聚类的方法也存在一些问题，那就是解释变量之间不仅仅只有聚类关系，所有解释变量之间其实是相互联系的，这种联系构成了一个复杂的网络。

我们周围的许多系统都可以看作是网络，如电力网络、交通网络、通信网络、社交网络、生物网络和基因网络等。实际生活中的网络既不是规则网络，也不是随机网络，我们把实际网络称为"复杂网络"（何大韧等，2009）。1998 年，Watts 和 Strogatz 发现许多实际网络具有"小世界性"，Barabási 和 Albert （1999） 又发现很多实际网络具有"无标度"拓扑统计性质，这两个重大发现掀起了网络的研究热潮。复杂网络研究被渗透到了医学、社会科学、管理科学、经济金融科学、系统科学等领域。比如，在生命科学领域，蛋白质、DNA、RNA 和小分子之间极其复杂的交互作用网络结构已成为此领域极具挑战性的研究课题之一 （汪小帆等，2006）。又如，在金融领域，股票价格之间的网络关系被许多学者关注，Kim 等 （2002） 验证了 S&P500 股票价格之间具有无标度网络特征的事实，还构建了相应的无标度网络。Benjamin 等 （2010） 实证了巴西金融证券市场具有网络结构。黄玮强等 （2008） 利用网络知识构建了中国股市的无标度网络。

当样本之间存在相互影响关系时，样本之间就会形成一张样本网络，当变量之间存在相互影响关系时，变量之间就会形成一张变量网络，我们把这种变量称为具有网络结构的变量。对于这种具有网络结构的变量，我们在处理维数过多问题时，需要根据变量的网络特征对原有的变量选择方法或者降维方法进行修正。基于网络的变量选择方法和降维方法研究是生物统计领域的前沿方向，已经有一些方法被提出并且应用在该领域。

3.4.1 变量网络

把每一个变量看作一个节点，令 $a_{l,j}$ 为两个变量 X_l 与 X_j 之间的邻接度量，$A = [a_{l,j}]$ 为邻接矩阵，如果 $a_{l,j} \neq 0$，则变量 X_l 与变量 X_j 之间有一条边相连，$a_{l,j}$ 越大，两个变量的联系越紧密。如果 $a_{l,j}$ 只取 0 或者 1，则构建出的网络是无权的，两个节点之间的关系是不连接或者连接的；如果 $a_{l,j} \in [0, 1]$ 且连续，则可以用边的粗细代表连接的强弱，构建出有权网络。如果节点之间的连接方式没有方向，则构建出无向网络；如果有方向，则构建出有向网络。

构建变量网络既可以用统计方法，也可以用生物特征，还可以综合使用两种方法。构建变量网络的统计方法主要有：有权基因共同表达网络分析（Weighted Gene Co-Expression Network Analysis，WGCNA）、图形 Lasso（Graphical Lasso）、贝叶斯网络（Bayesian Network）和布林网络（Boolean network）等。虽然 WGCNA 最初是为基因表达数据设计的，但并不局限于此类数据。

模块（Module）是网络中紧密相连的节点子集，可以通过对网络进行分层聚类得到。影响强度是指一个节点与其他节点的连接强度，代表了节点的影响力，影响强度的计算公式为 $k_j = \sum_{u=1}^{q} a_{u,j}$。核心节点（Hub nodes）是在网络中与其他节点有大量连接关系的节点，除了核心节点，随机删除几个其他节点并不会影响网络的整体结构。无标度拓扑特征是无标度网络的基本特征。

网络包含了非常丰富的信息，连接关系为我们提供了与统计中显著性不同的更多信息，我们既要关注统计显著的变量，也要关注连接强度很高的变量。

3.4.2　基于网络的变量选择方法

基于网络的变量方法与常规变量选择方法的区别在于变量选择的同时考虑了变量之间的网络关系。

理论上来讲，众多变量选择方法都可以考虑变量网络，不管是经典的子集选择法，还是流行的 Lasso 法等，均有可能与网络结合，但实际效果需要经过系统的研究才能明晰，接下来介绍基于网络的惩罚方法。

惩罚方法考虑网络结构后得到的一般形式为：

$$\hat{\beta} = argmin\left\{ -l(\beta) + \lambda \sum_{j=1}^{p} f(\mid \beta_j \mid) \right\} \tag{3-6}$$

其中，$l(\beta)$ 是似然函数。在加权 Lasso 中，可以利用权重向量来反映变量的网络结构。把权重向量 $\omega = (\omega_1, \omega_2, \cdots, \omega_p)'$ 设置为每个网络节点影响强度的倒数 $\hat{\omega} = \left(\dfrac{1}{k_1}, \dfrac{1}{k_2}, \cdots, \dfrac{1}{k_p} \right)'$，那么权重向量就是由变量的网络结构决定的，此时的模型就变成了基于网络的加权 Lasso 模型了。这样设置的原因是，一个节点的影响强度代表了这个节点在网络中的影响力，网络中影响强度越大的变量越重要，对这种变量施以更小的惩罚，可以更好地保留重要变量；而影响强度越小的变量越不重要，对其施以更大的权重，可以尽量剔除不重要的变量，以免干扰回归。

在 MCP 中（Zhang, 2010），加上代表变量网络结构的惩罚项就得到了 SLS（Huang 等，2011），此时的惩罚项为 $\sum_{j=1}^{p} \rho(\mid b_j \mid; \lambda_1, \gamma) + \dfrac{1}{2}\lambda_2 \sum_{1 \leqslant j < k \leqslant p} \mid a_{jk} \mid (b_j - s_{jk}b_k)^2$，其实第一项为 MCP 惩罚项，第二项为拉普拉斯二次方，a_{jk} 是变量网络的邻接矩阵中的元素，是网络结构惩罚项。

Huang 等（2011）指出在进行变量选择时，考虑变量之间的网络结构是可以提高模型的预测效果的。

所以，在变量选择时考虑变量的网络关系是一个值得研究的方向。并且，基于网络的变量选择方法大多使用在生物统计领域，鲜少有人把其推广到金融领域。本书将根据金融价格数据的特殊性，在金融价格预测时考虑了变量之间的网络关系，拓展变量网络思想，提出基于网络的新预测模型。

3.4.3 基于网络的降维方法

基于网络的降维方法与常规降维方法的区别在于降维的同时考虑了变量之间的网络关系。

基于网络的降维方法通常经过如下三个步骤完成：

第一步，在构建出变量网络之后，使用聚类的方法得到 M 个网络模块，对于模块 m，$m=1$，2，$\cdots$，M，拥有 m_i 个原始变量。

第二步，使用降维方法把模块 m 中的所有原始变量合成 m_k 个新的变量。

第三步，把新的变量作为自变量，用普通的参数估计方法进行回归分析。

理论上来讲，主成分分析、偏最小二乘和独立成分分析都可以用来对模块中的原始变量进行合成，但大多数文献都是使用主成分分析法合成模块的新变量，研究其他两种方法的文献较少。

基于网络的主成分分析法的基本过程与常规过程类似：在考虑了变量之间的网络关系之后，得到一张变量网络，对网络进行分层聚类之后，得到 M 个模块，使用 PCA 提取出每一个模块的前 m_k 个主成分。已有文献大多在提取出每个模块的第一主成分之后，直接把这 M 个第一主成分作为新的自变量进行回归分析（Saris 等，2009）。但 Ma 和 Kosorok（2009）指出，在实际数据分析过程中，第一主成分并不一定比其他主成分更重要，提出应该使用更多的主成分，并把这些主成分称为模块的代表特征（Representative Features）。Ma 等（2011）也指出，在使用降维方法的时候考虑变量的网络结构可以使模型表现更好。

本书将基于网络的降维方法引入环境社会学领域，结合变量选择方法，提出了度量环境意识的新方法。

3.5 本章小结

互联网技术带来的海量信息既为我们提供了不可多得的数据，也给传统的统计方法带来了挑战。当变量个数较大时，传统的参数估计方法会表现不好甚至不再适用，本章首先介绍了处理维数过高问题的常用变量选择方法和降维方法，接着介绍了处理此类问题的前沿方法——基于网络的变量选择和降维方法，阐述了变量网络结构在变量分析中的重要作用，并对几种最新的研究方法进行了详细介绍，为后文进行环境意识与绿色金融的研究提供了理论基础。

信息技术的飞速发展为金融研究提供了成百上千的时间序列，而绿色金融在中国尚处于起步阶段，数据并不是很多，相对于样本容量，变量个数会比较多，甚至出现“维数灾难”。传统时间序列模型只能处理少量时间序列，探索能够处理大量时间序列的模型成为大数据时代绿色金融领域研究的热点。本书将根据环境意识与绿色金融数据的特殊性，对现有的基于网络的变量选择和降维方法进行改进，以适用于环境意识与绿色金融问题研究，这不仅拓展了基于网络的变量选择方法和降维方法，还将其引入环境社会学和绿色金融领域，为绿色金融的发展提供新的理论基础。

第4章　环境意识综合指数构建方法

4.1　问题的提出

　　环境的恶化引起了人们对环境问题的关注，为了改善环境问题，越来越多的学者开始研究环境意识。目前环境意识的测量主要采用传统的问卷调查的方法完成，虽然数据具有权威性，但执行成本较大，所以发布的频率非常低，不要说让数据按日、按周或者按月发布，就连按年发布都还没有做到。目前规模较大且较新的中国国民环境意识测量数据是中国人民大学中国调查与数据中心发布的 2010 年中国综合社会调查项目（CGSS 2010），但此项目总共也就发布了 2003 年和 2010 年两年的环境意识调查数据，既不连续也相当匮乏，环境意识的研究迫切需要能反映环境意识水平的连续数据。

　　中国综合社会调查项目（CGSS）始于 2003 年，在启动调查时，由洪大用引入了国际流行的"新生态范式量表"（洪大用，2016），用来调查中国公民的环境意识。"新生态范式量表"的前身是"新环境范式量表"，为了测量环境关心①，Dunlap 和 Van Liere（1978）提出了"新环境范式量表"（New Environmental Paradigm，NEP），包含 12 个项目。但随着环境问题的改变，"新环境范式量表"的很多项都已经"过时"，Dunlap 等（2000）又对"新环境范式量表"进行了修订，提出了"新生态范式量表"（New Ecological Paradigm，NEP②），包含 15 个项目③。NEP 是目前全球测量环境意识最广泛使用的工具（Dunlap，2008）。中国综合社会调查项目虽然从 2003 年开始，基本上每年都有调查，但环境模块并没有每年都调查，而且调查的项目并不完全统一，较为统一的量表主要有环境关心量表和环境知识量表。环境关心量表就是 NEP 量表，用来测量环境关心，即环境意识，是一个综合性的环境意识测量量表，目前，中国综合社会调查项目只提供 2003 年和 2010 年的环境关心调查数据。环境知识量表是洪大用（2016）结合中国国情设计的，用来了解中国国民环境基本知识掌握程度的一个量表，环境知识是环境意识的组成部分，目前，中国综合社会调查项目只提供 2003 年、

---

① 在英语世界里，人们更多地使用"环境关心"（Environmental Concern）等词汇来表示"环境意识"（Environmental Awareness）（周志家，2008）。

② 用年份来区分两个版本的 NEP，1978 版 NEP 就是指"新环境范式量表"，2000 版 NEP 就是指"新生态范式量表"，本书将使用 2000 版 NEP 进行研究，所以在没有特殊说明的情况下，后文中的 NEP 均指 2000 版 NEP。

③ 这 15 个项目分别是：①目前的人口总量正在接近地球能够承受的极限；②人是最重要的，可以为了满足自身的需要而改变自然环境；③人类对于自然的破坏常常导致灾难性后果；④由于人类的智慧，地球环境状况改善是完全可能的；⑤目前人类正在滥用和破坏环境；⑥只要我们知道如何开发，地球上的自然资源是很充足的；⑦动植物与人类有着一样的生存权；⑧自然界的自我平衡能力足够强，完全可以应付现代工业社会的冲击；⑨尽管人类有着特殊能力，但是仍然受自然规律的支配；⑩所谓人类正在面临"环境危机"，是一种过分夸大的说法；⑪地球就像宇宙飞船，只有很有限的空间和资源；⑫人类生来就是主人，是要统治自然界的其他部分的；⑬自然界的平衡是很脆弱，很容易被打乱；⑭人类终将知道更多的自然规律，从而有能力控制自然；⑮如果一切按照目前的样子继续，我们很快将遭受严重的环境灾难。

2010 年和 2013 年的环境知识调查数据。

稀缺的环境意识数据远远不能满足科学研究的需求，为了使用更为连续的环境意识数据，有些学者使用教育程度来代理环境意识。王兵等（2010）在研究公众环境意识与环境效率的关系时，使用教育程度代理公众环境意识，其中，教育程度采用 6 岁及以上人口中高中以上学历人口的比重。这样做具有一定的合理性，因为受教育水平越高的人往往环境意识水平也越高（Jones 和 Dunlap，1992），但也并不全面。

互联网数据可以很好地用来度量关注度、感知、认知状况、认知态度和行为选择等意识形态。Ripberger（2011）使用谷歌趋势测量公众关注度，并与《纽约时报》公众关注度数据进行比较，发现对于全球变暖、健康医疗和恐怖袭击等事件，网络搜索构建出来的公众关注度收敛有效。杨欣和吕本富（2014）使用 41 个关键词的百度搜索量构建了宏观经济形势关注度指数、动车板块行情关注度指数、微观股民行动指数和事件关注度指数，利用这些指数分析了动车突发事件对股市的影响，发现突发事件关注度对股市波动的解释能力较好。曾建光（2015）用"余额宝被盗"关键词的百度搜索指数构建网络安全风险感知，研究其对互联网金融资产定价产生的影响，发现投资者的网络安全风险感知越强，期望获得的风险补偿也就越高，并且移动互联网端的投资者比 PC 端的投资者网络安全风险感知更强，期望得到的风险补偿也更高。徐映梅和高一铭（2017）使用百度搜索指数构建了 CPI 的舆情指数，用来描述人们对 CPI 变动的认知状况、认知态度和行为选择。

与环保紧密相关的关键词的搜索量代表了公众对相关环保问题的关注程度，人们通过搜索环保相关关键词，既可以补充环保知识，也体现了人们的环保态度及倾向于参与环境保护的行为意愿。而环保知识、环保态度和环保行为意愿正是环境意识调查问卷中的内容。所以，使用互联网数据来帮助反映环境意识水平是可行的。

本章的贡献是：创新性地研究了如何使用互联网数据来设计一个方便快捷低成本的环境意识综合指数构建方法，用来刻画中国国民的环境意识，并研究了环境意识的影响因素。本书还扩展了互联网数据的应用范围，提供了方便快捷低成本的环境意识指数构建方法，提供了连续的环境意识数据，解决了环境意识数据匮乏的困局。

环境意识综合指数是基于互联网数据和教育程度构建出来的一个能够反映公众环境意识的综合性指数，用来刻画中国公众环境意识。

环境意识综合指数的构建思路为：第一步，整理数据。按照环境意识权威测量量表挑选环境意识关键词，按照环境知识权威测量量表挑选环境知识关键词，获取相关关键词的互联网搜索数据。整理好 CGSS 2010 和 CGSS 2013 中环境关心量表和环境知识量表的调查问卷数据，得到各地区 2010 年的环境意识得分、2010 年的环境知识得分和 2013 年的环境知识得分。第二步，模型选择。采用不同的统计模型拟合 2010 年的环境意识得分，并对比拟合效果，观察互联网数据是否可以起到提高估计和预测效果的作用，选出最合适的模型。笔者注意到，在研究样本中，CGSS 用来测量环境意识的环境关心量表只有 2010 年的调查数据，数据非常稀缺，所以本书将采用留一交叉验证（Leave-One-Out Cross-Validation，LOOCV）来评估模型的表现。第三步，进一步检验。考虑到环境知识是环境意识的组成部分，且环境知识量表只有 2010 年和 2013 年两年的调查数据，本书将把 2010 年的数据作为训练集，把 2013 年的数据作为预测集，进一步检验模型的稳健性。第四步，计算环境意识综合指数。在模型的稳健性得到保证之后，使用选出的模型及 2010 年的数据估计出模型参数，再使用这些参数计算出 2010~2016 年的环境意识综合指数，得到连续的环境意识数据。

研究框架如下：第二部分至第五部分是环境意识综合指数构建的四个步骤；第六部分研究了环境意识的影响因素；第七部分是本章小结。

4.2　整理数据

4.2.1　选取关键词并且获取互联网数据

在构建环境意识综合指数之前需要先挑选关键词，关键词的选取方式主要有以下两种：一种是主观选词，即根据经验及已有研究，初步筛选出关键词，再根据实际效果进行关键词增减；另一种是模型选词，即先将大量关键词选出，再用算法确定最终需要的关键词。本章使用前一种方式选取关键词。

环境意识综合指数的关键词将依据 NEP 量表设计的题目进行挑选。为了进一步检验指数构建方法，还将挑选一组环境知识关键词，用来构造环境知识指数，环境知识关键词的挑选依据中国综合社会调查项目的环境知识量表所设计的题目。关键词的选取方法为：使用百度需求分布和百度相关词分类挑选能够反映 NEP 量表和环境知识量表调查问卷中的每个问题内容的关键词，再经过多轮小组讨论筛选或增补初选的关键词，最后选出环境意识关键词 73 个、环境知识关键词 34 个。

互联网数据的获取方式主要有两种：一种是直接使用搜索引擎提供的

数据；另一种是使用网络爬虫抓取大量网页文本信息，然后再处理成结构化数据。本章采用前一种方式获取互联网数据，使用中国各省级行政单位环保相关关键词的百度 PC 端搜索指数①来刻画所选关键词的互联网搜索量。虽然百度提供了 2006 年以后的 PC 端百度搜索数据，但 2009 年以前的分地区百度搜索指数存在缺漏，所以，本章只使用 2009 年及以后的 PC 端百度搜索指数数据探索构建环境意识综合指数的方法。

2009 年及以后的各省级行政单位的百度 PC 端搜索指数年平均数据利用爬虫取自百度指数官方网站②（百度官方网站并不提供数据下载，需自主编程开发爬取工具进行获取）。

最后得到的数据为：2009 年及以后各省级行政单位环境意识相关关键词和环境知识相关关键词的年度 PC 端百度搜索指数。

4.2.2　整理调查问卷数据

本章的调查问卷数据取自中国国家调查数据库③，使用了 2010 年中国综合社会调查项目（CGSS 2010）和 2013 年中国综合社会调查项目（CGSS 2013）数据。

CGSS 2010 调查了 31 个省级行政区（不包括香港、澳门和台湾），样本总量为 11783，环境模块为选答模块，剔除未选答环境模块的样本，对于环境关心量表，再剔除 15 个选项均回答"无法选择/无所谓同意不同意"的样本和 15 个选项中出现超过 5 个缺失值的样本，得到有效样本 3480 个。对

---

① 百度提供 PC 端搜索指数、移动端搜索指数和整体搜索指数，但移动端搜索指数和整体搜索指数是从 2011 年开始的，CGSS 并不提供 2011 年以后的环境意识调查数据，所以无法用移动端和整体搜索指数构建环境意识指数。PC 端搜索指数是从 2006 年开始的，时间较长，适合用来构建环境意识指数。

② 百度指数官方网站：http://index.baidu.com。

③ 中国国家调查数据库官网：http://cnsda.ruc.edu.cn。

于环境知识量表，剔除存在缺失值的样本，得到有效样本 3617 个。CGSS 2013 调查了 28 个省级行政区（不包括新疆、西藏、海南、香港、澳门和台湾），样本总量为 11438，环境知识表样本量为 11438，剔除存在缺失值的样本，得到有效样本 11396。

CGSS 2010 中设置了环境关心（环境意识）测量，共有 15 个项目，采用正反交错措辞，对于正面措辞，完全同意、比较同意、无所谓同意不同意、比较不同意和完全不同意分别赋值 5 分、4 分、3 分、2 分和 1 分，对于反面措辞，分别赋值 1 分、2 分、3 分、4 分和 5 分。不回答的项目使用此项目均值填补。把 15 个项目得分的加总作为受访者的环境意识总得分（Dunlap 和 Van Liere，1978；Dunlap 等，2000；洪大用，2016），总得分在 15~75 分。

CGSS 2010 与 CGSS 2013 中均设置了环境知识测量，共有 10 个项目，也是采用正反交错措辞，实际判断正确的受访者得 1 分，实际判断错误的受访者得 0 分。累加 10 个项目得分作为受访者的环境知识总得分（洪大用，2016；王玉君和韩冬临，2016），总得分在 0~10 分。

对于一个地区，首先计算出本地区所有受访者的得分总和，再除以本地区的样本容量，就可得到本地区当年的环境意识和环境知识得分。

最后得到的数据为：2010 年各个省级行政单位的环境意识得分，2010 年、2013 年各省级行政单位的环境知识得分。表 4-1 为三组数据的描述性统计。

表 4-1　环境意识与环境知识的描述性统计

	地区数	样本量	均值	标准差	最小值	最大值
环境意识（2010）	31	3480	51.94	7.12	26	75

续表

	地区数	样本量	均值	标准差	最小值	最大值
环境知识（2010）	31	3617	5.15	2.76	0	10
环境知识（2013）	28	11396	4.69	2.87	0	10

虽然 CGSS 在 2010 年调查了 31 个地区的环境意识，但在 2013 年只调查了 28 个地区，为了方便研究，剔除 2013 年没有调查的地区，并且剔除 2009年或 2010 年百度搜索指数为 0 的关键词个数超过总关键词个数 25% 的地区，得到 27 个地区（不包括新疆、西藏、海南、香港、澳门、台湾和青海）。在研究构建环境意识综合指数的模型时，本书的研究样本为 2010 年 27 个地区的环境意识。在使用环境知识进一步验证指数构建模型稳健性时，研究样本为 2010 年及 2013 年 27 个地区的环境知识。

4.3　模型选择

4.3.1　模型介绍

本部分采用不同的统计模型拟合 2010 年的环境意识得分，并使用 LOOCV 评估模型的表现，目的是观察互联网数据的表现并找到最适合构建环境意识综合指数的模型。

在环境意识综合指数构建模型中，被解释变量是从 CGSS 2010 数据中整理出的各省级行政单位的环境意识得分的自然对数，记为 $y_{i,t}$。解释变量包括两类信息，一类是教育程度，采用 6 岁及以上人口中高中以上学历人口的比重的自然对数，这是国家统计局统计的年度数据，记为 $edu_{i,t}$，另一类是预处理过的环境意识相关关键词百度搜索指数[①]，记为 $z_{j,i,t}$，$j=1$，$\cdots$，N_2。

笔者注意到，关键词很多，而样本量很小，直接把百度搜索指数作为模型的解释变量会带来高维问题，本章将采用降维方法降低维度。降维方法对高维问题的处理方式是把大量变量转变成少数几个具有代表特征的变量。主成分回归是一个能够捕捉变量波动的有效降维方法（Alter 等，2000）。主成分回归以主成分为解释变量进行回归分析，当主成分的累计贡献率足够大时，提取的主成分就能够代表原始变量的绝大部分信息。但传统的主成分回归模型忽略了变量之间的相互影响关系，本章所选的关键词均是反映环境意识的关键词，同一主题的关键词搜索量之间并不是相互独立的，而是相互影响的，本书将使用变量间的这种相互影响关系改进传统模型。为了进行对比分析，本书还将使用多个基础模型进行对比分析。

4.3.1.1　基于教育程度的线性回归模型

本模型只使用教育程度构建环境意识综合指数，作为基准模型进行对比分析。模型如下：

$$y_{i,t}=\alpha_0+\varphi^1 edu_{i,t}+\varepsilon_{i,t} \tag{4-1}$$

其中，α_0 为常数项，$edu_{i,t}$ 为教育程度变量，φ^1 为教育程度变量的系数，$\varepsilon_{i,t}$ 为扰动项。

4.3.1.2　基于搜索量的主成分回归模型

本模型只使用百度搜索指数构建环境意识综合指数。环境意识相关关键词的百度搜索量体现了公众的环境意识，反映环境意识的百度搜索指数（$z_{1,i,t}$，$\cdots$，$z_{N_2,i,t}$）有 73 个，而研究样本地区却只有 27 个，变量个数已经

---

① 预处理公式为：$\ln(z_t/z_{t-1})$。

大于观测值个数，无法直接使用线性回归模型，通过提取变量主成分进行降维。令 $z_{i,t} = (z_{1,i,t}, z_{2,i,t}, \cdots, z_{N_2,i,t})$，模型如下：

$$y_{i,t} = \alpha_0 + \sum_{j=1}^{n} \varphi_j^2 f_{j,i,t} + \varepsilon_{i,t} \tag{4-2}$$

其中，$(f_{1,i,t}, \cdots, f_{n,i,t})$ 是从 $z_{i,t}$ 中提取出的 n 个主成分，$(\varphi_1^2, \cdots, \varphi_n^2)$ 为主成分对应的系数，主成分的个数是通过其累计贡献度确定的。使用主成分分析法计算出所有关键词搜索指数的所有主成分，选取前 n 个主成分 $(f_1, \cdots, f_n)$ 作为自变量，使得其累计贡献度大于等于95%。

4.3.1.3 基于教育程度和搜索量的主成分回归模型

本模型同时使用教育程度 $edu_{i,t}$ 和百度搜索指数 $(z_{1,i,t}, \cdots, z_{N_2,i,t})$ 构建环境意识综合指数，这么做是因为教育程度和百度搜索指数都在一定程度上体现了公众的环境意识，使用两组数据一起来构建环境意识综合指数可以使得构建出来的指数拥有更全面的信息。模型如下：

$$y_{i,t} = \alpha_0 + \sum_{j=1}^{n} \varphi_j^3 F_{j,i,t} + \varepsilon_{i,t} \tag{4-3}$$

其中，$(F_{1,i,t}, \cdots, F_{n,i,t})$ 是从 $x_{i,t} = (edu_{i,t}, z_{1,i,t}, \cdots, z_{N_2,i,t})$ 中提取出的 n 个主成分，$(\varphi_1^3, \cdots, \varphi_n^3)$ 为主成分对应的系数，主成分的个数也是通过其累计贡献度确定的，即前 n 个主成分的累计贡献度大于等于95%。

4.3.1.4 基于网络的线性回归模型

本模型同时使用教育程度和百度搜索指数构建环境意识综合指数，是对"基于教育程度和搜索量的主成分回归模型"的改进。$z_{i,t} = (z_{1,i,t}, z_{2,i,t}, \cdots, z_{N_2,i,t})$ 是环境意识量表中不同关键词的百度搜索量，这些变量之间是相互影响的，这种相互影响关系形成了一张网络，而这种网络关系会影响回归效果，所以我们在回归的时候需要考虑变量之间的网络结构。"基于教育程度和搜索量的主成分回归模型"在参数估计的时候忽略了解释变量之间的网络关系，所以本章还将使用"基于网络的线性回归模型"构建环境意识综合指数，在参数估计的同时考虑了变量之间的网络关系，并与其他几个模型进行对比分析，考察指数构建方法的优劣。

"基于网络的线性回归模型"如下：

$$y_{i,t}=\alpha_0+\varphi^1 edu_{i,t}+\sum_{j=1}^{n}\varphi_j^2 f_{j,i,t}+\varepsilon_{i,t} \tag{4-4}$$

其中，$edu_{i,t}$ 是教育程度变量，$(f_{1,i,t}, f_{2,i,t}, \cdots, f_{n,i,t})$ 是使用基于网络的主成分分析法从 $z_{i,t}$ 中提取出的 n 个主成分，$(\varphi_1^2, \cdots, \varphi_n^2)$ 是其对应的系数。

$(f_{1,i,t}, f_{2,i,t}, \cdots, f_{n,i,t})$ 提取方法的设计借鉴了 WGCNA，具体过程如下所示（Zhang 和 Horvath，2005）：

首先，把不同关键词的百度搜索指数作为节点，构建变量网络。

用 ρ_{lj} 表示节点 $z_{l,i,t}$ 与节点 $z_{j,i,t}$ 的相关系数，计算出两者的相似性：$S(l, j)=|\rho_{lj}|$，把相似矩阵记为 S，显然，$S(l, j) \in [0, 1]$。引入参数 b，对相似矩阵 S 进行如下变化：$a_{lj}=S^b(l, j)$，可以得到网络的邻接矩阵 a。对于节点 $z_{j,i,t}$（$j=1, 2, \cdots, N_2$），其影响强度的计算公式为：$k_j=\sum_{u\neq j} a_{ju}$，$u=1, 2, \cdots, N_2$。把影响强度 $k=(k_1, k_2, \cdots, k_{N_2})$ 的分布记为 $p(k)$。如果 $p(k)$ 服从幂律，即：

$$p(k) \sim k^{-\gamma}$$

则变量网络具有无标度拓扑特征，其中 γ 是指数。若以 $\log(k)$ 为自变量，以 $\log(p(k))$ 为因变量进行回归，那么，无标度拓扑特征可以用回归的拟合优度 R^2 来衡量，R^2 越高，变量网络具有越明显的无标度拓扑特性。不同的参数 b 可以得到不同的邻接矩阵 a，从而生成不同的网络。为了突出重要节点，可以选择合适的参数 b，使变量网络无标度拓扑特性尽可能明显。注意到，参数 b 是 $S^b(l, j)$ 的幂指数，如果相似矩阵中的元素 $S(l, j) \in (0, 1)$，那么不管 b 如何变化，在进行 $a_{lj} = S^b(l, j)$ 变换时，都不会把 S 中的值强硬地转换成 0 或 1，我们把参数 b 称为软阈值。

如果软阈值 b 取值过大，会使得 $a_{lj} = S^b(l, j)$ 接近于 0，使得 k 也会非常小，这样就会影响后续步骤的有效性。所以，我们在选择参数 b 时，会先将其限定在一个合适的范围内（本书的参数 b 限定在 1~20），然后在此取值范围内选择能够使得无标度拓扑特征尽量明显的软阈值。我们知道，拟合优度可以用来量化无标度拓扑特征，那么我们只需使用给定取值范围内的所有软阈值，计算出这些软阈值构造出的网络所对应的 R^2，然后选择 R^2 最大的网络对应的软阈值，就可以得到标度拓扑特征较为明显的变量网络。

其次，通过聚类的方式在变量网络中生成具有相似特征的模块。

节点之间紧密相连的子集称为网络中的模块，同一模块中的节点具有相关的环境意识。模块的生成需要借助非相似矩阵 D，D 中第 (l, j) 个元素记为 $d_{l,j}$，是节点 l 和节点 j 之间的非相似距离，计算公式为（Ravasz 等，2002）：

$$d_{l,j} = 1 - \frac{\sum_{u=1}^{N_2} a_{l, u} a_{j, u} + a_{l, j}}{\min(k_l, k_j) + 1 - a_{l, j}} \tag{4-5}$$

使用矩阵 D 对变量网络进行分层聚类，就可以得到 M 个模块。接着，通过计算每个模块的主成分得到所有"代表特征"。

对于模块 m（$m = 1, 2, \cdots, M$），计算出所有主成分及其贡献度，选取前 n_m 个主成分（$f_{1,i,t}^m, \cdots, f_{n_m,i,t}^m$），使得这 n_m 个主成分的累计贡献度大于

等于95%，把满足条件的主成分称为"代表特征"（Ma 等，2011）。同样的方法计算出所有网络模块的代表特征，记为 $(f^1_{1,i,t}, \cdots, f^1_{n_1,i,t}, \cdots, f^M_{1,i,t}, \cdots, f^M_{n_M,i,t})$，一共有 $\sum_{i=1}^{M} n_i$ 个代表特征。虽然代表特征个数小于原始变量个数，但变量依旧比较多，甚至有可能仍旧存在高维问题，所以，还需要使用变量选择方法从所有代表特征中挑选出一部分变量。

最后，使用 Lasso 挑选"代表特征"。在挑选代表特征时，Lasso 中的自变量为百度搜索指数网络的所有代表特征，不过，因变量并不是直接使用环境意识得分，而是教育程度拟合环境意识得到的残差。这么处理的原因是：教育程度与环境意识存在明显的正相关关系（Jones 和 Dunlap，1992），并且教育指标已经成为检验环境意识量表建构效度的常用指标（Dunlap 和 Van Liere，1978；Dunlap 等，2000；洪大用，2014），教育程度甚至直接成为环境意识的代理（王兵等，2010）。可见，教育程度是构建环境意识指标的重要解释变量，把教育程度直接选入模型会使得模型更稳定。Lasso 挑选出的代表特征记为：$f = (f_{1,i,t}, f_{2,i,t}, \cdots, f_{n,i,t})$，一共 n 个。

4.3.2 实证分析

在介绍了所有模型之后，接下来使用这些模型拟合环境意识得分，通过实证分析的方式考察不同模型的表现，为指数构建选择最合适的模型。

在使用模型拟合环境意识之前，先来观察 73 个环境意识关键词的百度搜索指数的网络结构。把 73 个百度搜索指数作为节点，计算不同参数 b 下网络的邻接矩阵和影响强度，根据变量网络的无标度拓扑特征选择使其无标度拓扑特征最明显的 b 值，最后得到 $b = 7$。图 4-1 是当 $b = 7$ 时的变量网络结构图。

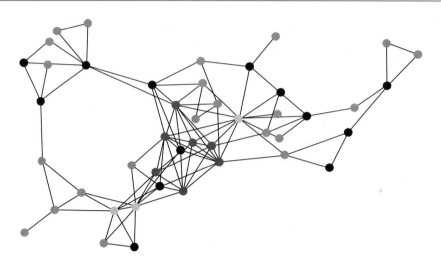

图4-1　网络结构图

本书构建的是有权无向网络，在构建网络的时候，每两个节点之间都是有关联的，只是关联的程度不同，也就是说，这张变量网络其实是有5256条边的，但有些边的值非常小，如果把所有的边都显示出来会让图形不易观察，对于关联非常小的两个节点之间的边，图4-1中并不显示出来。从图中可以看出，节点与周围节点的连接情况存在很大的差异，大部分节点与周围节点的连接并不是很强，只有少数几个节点的影响强度非常大。图4-2绘出了所有节点影响强度的直方图和无标度拓扑特征图。

图4-2中，左图是网络影响强度 k 的直方图，大部分节点的影响强度都较低，具有高影响强度的节点较少。右图是以 $\log(k)$ 为自变量，以 $\log(p(k))$ 为因变量，进行线性回归得到的结果，描述的是网络的无标度拓扑特征，线性回归得到的拟合优度为0.86，斜率为-1.05，回归结果显示此网络具有很明显的无标度特征。所以，考虑变量网络是很有必要的。

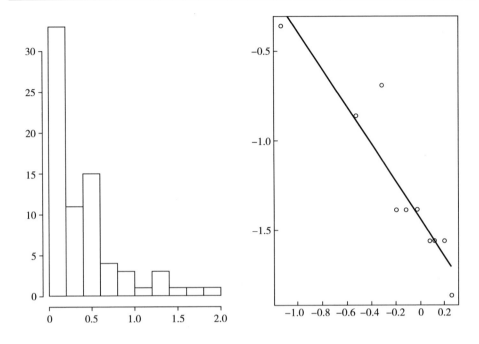

图 4-2　网络影响强度直方图和无标度拓扑特征图

使用式（4-5）计算出网络的非相似矩阵 D 之后，使用分层聚类方法对网络中的节点进行聚类，得到 3 个模块。按方差贡献率计算出每一个模块中符合条件的主成分，使用 Lasso 进行代表特征挑选，得到 $(f^1_{1,i,t}, \cdots,$ $f^1_{m_1,i,t}, \cdots, f^3_{1,i,t}, \cdots, f^3_{m_3,i,t})$，这些代表特征与教育程度一起构成了"基于网络的线性回归"模型的自变量。

在综合考虑了 CGSS 数据的可对比性及百度搜索指数的完整性之后，环境意识得分只剩 27 个观测值，样本量较小，为了保留更多的数据信息，本书使用上述模型直接在全样本上进行回归，初步观察模型的表现，回归结果如表 4-2 所示。

表4-2　基于全样本的回归结果

模型	自变量	调整R^2	MSE
基于教育程度的线性回归模型	edu	0.4181	$7.81×10^{-4}$
基于搜索量的主成分回归模型	f_1，…，f_{18}	0.7545	$1.05×10^{-4}$
基于教育程度和搜索量的主成分回归模型	F_1，…，F_{18}	0.8111	$8.12×10^{-5}$
基于网络的线性回归模型	edu，$f1.2$，$f1.3$，$f3.3$，$f4.3$，$f5.3$，$f7.3$，$f8.3$，$f9.3$，$f10.3$，$f13.3$，$f14.3$，$f15.3$，$f16.3$，$f18.3$	0.9293	$4.18×10^{-5}$

注：f_1 表示从百度搜索指数中直接提取出的第一主成分，F_1 表示从教育程度和百度搜索指数中提取的第一主成分，$f1.2$ 表示百度搜索指数网络第2模块的第一主成分，$f1.3$ 表示百度搜索指数网络第3模块的第一主成分，以此类推。

　　表4-2 的第一列为构建环境意识综合指数的所有模型，"基于教育程度的线性回归"模型直接使用教育程度作为自变量，"基于搜索量的主成分回归"模型使用了环境意识相关关键词的互联网搜索量合成主成分，"基于教育程度和搜索量的主成分回归"模型使用了这两类指标合成主成分，目的是为了让解释变量包含更全面的信息，"基于网络的线性回归模型"不仅使用了两类指标，还考虑了变量间的网络结构。第二列为模型使用的自变量，第三列和第四列为使用全样本进行回归得到的调整 R^2 和均方误差（MSE）。

　　从"基于教育程度的线性回归"模型在全样本上的拟合情况可以看出，教育程度对环境意识具有一定的解释作用。相对于"基于教育程度的线性回归"，"基于搜索量的主成分回归模型"取得了更高的调整 R^2 和更低的 MSE，也就是说，此模型的拟合效果更好，说明 NEP 量表题目对应关键词的互联网搜索量对环境意识具有很强的解释作用。同时考虑了两类指标的"基于教育程度和搜索量的主成分回归"模型的拟合效果又比单独考虑两类指标的模型要好，说明两类指标在不同的方面解释了环境意识，同时加入两类指标可以用更全面的信息刻画环境意识。不过，直接使用主成分回归处理这两类信息并不是最优的模型。相对于前三个模型，"基于网络的线性回归"模型不仅取得了最高的调整 R^2 和最低的 MSE，而且拟合效果还非常好，这既说明互联网数据可以提高模型的拟合效果，也说明考虑环境意识相关关键词的互联网搜索量之间的网络关系很有必要，也就是说，"基于网络的线性回归"模型最优。

4.3.3 稳健性检验

表 4-2 是在全样本上的回归结果，并未考察模型的预测效果，目的是为了使用更多的数据信息初步观察各个模型的拟合效果。为了检验模型的预测效果和稳健性，接下来采用 LOOCV 来评估模型的表现。

LOOCV 是一种特殊的交叉验证法（以下简称"CV"），测试集中只选取一个观测值，样本的拆分不受随机因素的干扰，而且 LOOCV 使用的训练集只剔除了一个观测值，与整个数据集相差不大，所以相比常规的 CV，LOOCV 具有较小的偏差。LOOCV 的缺点仅仅是耗时太长，不过环境意识只有 27 个观测值，完全不存在需要消耗大量计算力的可能。所以，使用 LOOCV 检验模型的预测效果及稳健性较为合理。

使用 LOOCV 估计测试集 MSE 的步骤如下：

第一步，把观测值 (x_1, y_1) 作为测试集，剩下的 $\{(x_2, y_2)$，(x_3, y_3)，$\cdots$，$(x_N, y_N)\}$ 作为训练集，使用训练集进行拟合，使用测试集检验预测效果，计算 $MSE_1 = (y_1 - \hat{y}_1)^2$。

第二步，以此类推，重复 N 次，N 为观测点的个数，得到 MSE_1，MSE_2，$\cdots$，MSE_N。

第三步，计算均值得到：

$$CV_{(N)} = \frac{1}{N} \sum_{i=1}^{N} MSE_i$$

$CV_{(N)}$ 就是 LOOCV 估计出的测试集 MSE。为了方便对比分析，在计算测试集 MSE 的同时，也计算出训练集的 MSE。

LOOCV 的结果如表 4-3 所示。

表 4-3　LOOCV 的结果

	基于教育程度的线性回归模型	基于搜索量的主成分回归模型	基于教育程度和搜索量的主成分回归模型	基于网络的线性回归模型
训练集 MSE	$7.79×10^{-4}$	$1.09×10^{-4}$	$8.34×10^{-5}$	$4.81×10^{-5}$
测试集 MSE	$9.03×10^{-4}$	$1.17×10^{-3}$	$9.84×10^{-4}$	$6.54×10^{-5}$

表 4-3 第一行是所有模型，第二行是使用 LOOCV 对研究样本进行 27 次拆分得到的 27 个训练集 MSE 的平均，第三行是 27 个测试集 MSE 的平均。

"基于教育程度的线性回归"模型在表 4-3 中的训练集 MSE 与表 4-2 中的 MSE 相差不大，既说明教育程度对环境意识具有一定的解释作用，也说明模型在 27 个训练集中的拟合效果相差不大；此模型测试集中的 MSE 与训练集差别也不是很大，说明教育程度对环境意识具有一定的预测作用。从 LOOCV 的结果分析可知，教育程度对环境意识的解释作用和预测效果均非常稳定。

"基于搜索量的主成分回归"模型在训练集中的拟合效果优于"基于教育程度的线性回归模型"，说明互联网搜索量对环境意识具有较强的解释作用；但在测试集中，"基于搜索量的主成分回归"模型的预测效果却并不是很好。

"基于教育程度和搜索量的主成分回归"模型在训练集中的拟合效果优

于前两个模型，说明两类指标包含的信息更为全面，可以更好地解释环境意识；但测试集中的 MSE 却比"基于教育程度的线性回归模型"还要大一点，说明此模型并没有发挥出两类信息的优势，需要更合适的模型处理这些数据。

"基于网络的线性回归模型"区别对待两类信息，并且考虑了互联网搜索量的网络结构，这不仅取得了最低的训练集 MSE，而且取得了最低的测试集 MSE，而且其拟合效果和预测效果都较为理想。一方面说明在模型使用得当时，互联网数据可以帮助预测环境意识；另一方面说明当变量之间存在相互影响关系时，考虑变量之间的网络关系可以很好地提高预测精度。

综上所述，分析表 4-3 呈现出的训练集 MSE 得到的结论与表 4-2 中得到的结论是一致的，也就是互联网搜索量和教育程度对环境意识均有很重要的解释作用，同时使用两类指标比单独使用各个指标拟合效果要更好，考虑了变量网络的"基于网络的线性回归"模型拟合效果最好。而表 4-3 测试集中的表现与训练集中的表现并不完全一致，教育程度的预测效果依旧稳定，但预测效果一般，单独使用互联网搜索量进行预测并不能取得很满意的预测效果，两类指标同时使用时只有"基于网络的线性回归"模型可以取得理想的预测效果。

本章进行全面分析之后，得出如下结论：首先，互联网搜索数据可以辅助预测环境意识，在构建环境意识的时候应该把互联网搜索量和教育程度均考虑在内；其次，同样的数据在不同的模型下表现出的估计和预测效果是不同的，只有选择合适的模型才能构建出合理的环境意识综合指数；最后，在四个模型中，"基于网络的线性回归模型"不仅在训练集中具有较好的拟合效果，在测试集中也表现很好，所以，"基于网络的线性回归模型"是构建环境意识的理想模型。

4.4 进一步检验

考虑到环境知识是环境意识的组成部分，且环境知识量表有 2010 年和 2013 年两年的调查数据，本部分使用环境知识数据对模型的稳健性进行进一步检验。

被解释变量是从 CGSS 数据中整理出的各省级行政单位的环境知识得分的自然对数，记为 $y_{i,t}$；解释变量同样也包括以下两部分：一部分是教育程度；另一部分是环境知识相关关键词的百度搜索指数。把 CGSS 2010 调查得到的环境知识得分作为训练集，把 CGSS 2013 调查得到的环境知识得分作为测试集，在训练集中使用上述模型拟合环境知识，并对其在测试集中的预测效果进行分析，并进一步检验模型的稳健性。回归结果如表 4-4 所示。

表 4-4　进一步检验结果

模型	自变量	调整 R^2	训练集 MSE	测试集 MSE
基于教育程度的线性回归模型	edu	0.3022	0.0273	0.0714
基于搜索量的主成分回归模型	f_1，$\cdots f_{15}$	0.6864	0.0054	0.2847
基于教育程度和搜索量的主成分回归模型	F_1，$\cdots$，F_{16}	0.7718	0.0036	0.3156
基于网络的线性回归模型	edu，$f1.4$，$f2.5$	0.5214	0.0172	0.0611

从表 4-4 中可以看出，互联网搜索量和教育程度对环境知识也都是具有解释作用的，但是单独使用教育程度或者互联网搜索量均未能取得较理想的拟合或预测效果。同时考虑两类数据的"基于教育程度和搜索量的主

成分回归"模型的拟合效果得到了很大的提升,但预测效果却不如"基于网络的线性回归"模型,这说明,即使解释变量包含了较为全面的信息,没有合适的模型也不能很好地发挥信息的价值。考虑了变量之间网络关系的"基于网络的线性回归"模型在拟合优度、训练集 *MSE* 和测试集 *MSE* 三个方面都明显优于"基于教育程度的线性回归"模型,测试集 *MSE* 也是所有模型中最低的,进一步验证了变量的网络结构在预测研究中是非常重要的,与前文得到的结论是一致的。所以,"基于网络的线性回归模型"是用来构建环境意识综合指数的理想模型。

4.5　构建环境意识综合指数

在模型的稳健性得到保证之后,接下来使用选出的模型及可得到的数据计算连续的环境意识综合指数。首先,利用 CGSS 2010 数据、2010 年教育程度数据、2009 年百度搜索指数和 2010 年百度搜索指数数据估计出模型参数;然后,使用估计出的参数、2010 ~ 2016 年的教育程度数据和 2009 ~ 2016 年的百度搜索指数数据计算出连续的环境意识综合指数。

从前文的分析可知,"基于网络的线性回归"模型是构建环境意识的最优模型。研究区间内,CGSS 只提供 2010 年的环境意识调查数据,使用 2010 年的数据估计"基于网络的线性回归"模型的参数,得到此模型参数的估计值($\hat{\alpha}_0$,　$\hat{\varphi}^1$,　$\hat{\varphi}_1^2$,…,　$\hat{\varphi}_n^2$)、百度搜索指数网络模块构建规则和每个模块代表特征的计算方法。接着获取 2011 ~ 2016 年的教育程度及 2010 ~ 2016 年 PC 端百度搜索指数,使用相同的网络模块构建规则构建

2011~2016 年每年的百度搜索指数网络进行聚类，由此形成模块，并使用相同的代表特征计算方法计算出每年互联网搜索指数网络的代表特征。最后使用参数估计值和 2011~2016 年每年的教育程度及互联网搜索指数网络代表特征计算出 2011~2016 年的环境意识综合指数：

$$\hat{y}_{i,t} = \hat{\alpha}_0 + \hat{\varphi}^1 edu_{i,t} + \sum_{j=1}^{n} \hat{\varphi}_j^2 f_{j,i,t}$$

这其实就是使用"基于网络的线性回归"模型对 2011~2016 年环境意识进行预测的过程。同时，也计算出 2010 年的环境意识的回归值，并用来进行对比。表 4-5 是计算出的中国 27 个省级行政单位 2010~2016 年的环境意识综合指数，同时也把使用 CGSS 2010 调查问卷数据整理出的环境意识得分放入了此表。

表 4-5　地区环境意识综合指数

地区	2010 年（调查问卷）	2010 年	2011 年	2012 年	2013 年	2014 年	2015 年	2016 年
安徽	50. 47	50. 29	45. 23	48. 56	47. 51	47. 04	49. 66	52. 11
北京	54. 82	54. 72	50. 9	51. 53	53. 45	52. 6	53	56. 33
福建	51. 83	51. 54	47. 79	46. 52	48. 32	48. 74	51. 1	52. 2
甘肃	51. 40	50. 92	46. 36	47. 14	46. 04	47. 51	51. 85	48. 99
广东	54. 30	54. 71	47. 33	48. 54	49. 15	47. 85	50. 18	53. 41
广西	50. 08	50. 32	45. 61	46. 52	48. 05	45. 53	49. 1	51. 68
贵州	52. 75	53. 04	43. 39	44. 11	47. 44	47. 25	46. 74	54. 6
河北	52. 35	51. 72	43. 91	46. 58	47. 88	47. 2	49. 31	51. 47
河南	50. 08	50. 00	45. 53	46. 73	48. 67	48. 24	49. 99	48. 79
黑龙江	51. 66	51. 93	46. 87	47. 42	49. 12	48. 29	48. 2	47. 76
湖北	50. 82	50. 79	47. 09	48. 88	50. 2	47. 61	50. 86	54. 26
湖南	49. 95	50. 33	45. 15	48	48. 88	47. 03	49. 67	52. 77
吉林	51. 86	51. 93	47. 32	46. 86	46. 97	47. 86	49. 7	53. 23
江苏	52. 88	52. 98	47. 1	48. 53	51. 66	48. 74	51. 3	53. 07

续表

地区	2010 年 （调查问卷）	2010 年	2011 年	2012 年	2013 年	2014 年	2015 年	2016 年
江西	50.69	50.28	46.28	47.17	46.44	46.41	49.11	49.7
辽宁	54.19	54.01	47.56	49.6	50.07	50.25	52.23	50.89
内蒙古	50.46	50.59	49.42	47.33	45.55	47.97	49.86	48.7
宁夏	52.05	52.22	47.87	48.19	45.59	46.42	54	44.99
山东	53.14	52.22	46.54	48.08	50.21	48.12	50.36	52.25
山西	52.70	53.05	45.21	48	49.52	46.61	49.38	53.11
陕西	50.01	50.62	48.52	47.4	50.07	46.88	51.7	50.03
上海	54.59	54.72	48.65	50.48	50.42	51.07	51.92	53.09
四川	50.00	50.31	46.45	48.19	49.75	47.53	48.89	50.92
天津	55.69	55.57	48.82	50.84	50.48	48.39	50.39	56.44
云南	48.52	48.51	45.15	47.01	47.24	44.82	51.04	50.52
浙江	52.98	52.84	46.85	49.93	51.77	49	52.26	52.84
重庆	47.56	47.60	47.52	46.26	48.11	50.79	50.95	50.32
均值	51.77	51.77	46.83	47.94	48.84	47.99	50.47	51.65
标准差	1.97	1.94	1.67	1.59	1.94	1.69	1.56	2.56
最小值	47.56	47.60	43.39	44.11	45.55	44.82	46.74	44.99
最大值	55.69	55.57	50.9	51.53	53.45	52.6	54	56.44

为了更清晰地观察环境意识水平趋势，图4-3绘出了环境意识综合指数与原调查问卷数据的拟合效果及环境意识综合指数的走势。图4-3左图是计算出的中国27个省级行政单位2010年的环境意识综合指数与从CGSS 2010问卷调查中整理出的环境意识得分的对比图，右图是构建出的27个省级行政单位的环境意识指数均值随时间的变化规律。

同时分析表4-5和图4-3，从问卷调查的结果可以发现，在这27个地区中，天津、北京和上海的环境意识位居前三，最后三位是湖南、云南和重庆。平均得分为51.77，占总分（75）的比值为69.03%，说明2010年中

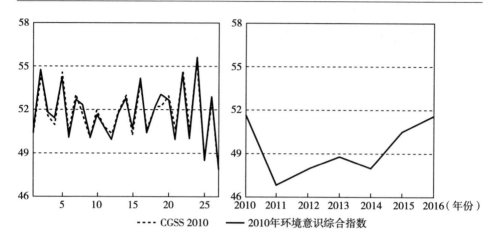

-------- CGSS 2010 ——— 2010年环境意识综合指数

图 4-3 环境意识综合指数

国公民的环境意识水平不是很高，标准差为 1.97，说明各个地区的环境意识差别不是很大。环境意识综合指数构建方法计算出的 2010 年环境意识综合指数与问卷调查得到的环境意识得分非常接近，两者精确到百分位的环境意识均值是相等的，从图 4-3 中左图也可以看出环境意识综合指数与问卷调查环境意识得分曲线几乎重合，可见新方法计算出的环境意识综合指数比较能够代表 2010 年各地区的环境意识水平。

从纵向来看，2010~2016 年，环境意识综合指数经历了骤然下降到缓慢回升的过程。2011 年的环境意识综合指数均值较 2010 年有大幅下降，2011 年的环境意识综合指数均值只有 46.83，占总分的比值为 62.44%。之后，环境意识综合指数小幅震荡且呈上升趋势，2016 年的环境意识水平与 2010 年基本持平，这说明政府的宣传工作起到了一定的效果。

4.6　环境意识的影响因素

已有文献大都关注环境意识对环境行为的影响，而较少定量研究环境意识的影响因素。本章将使用计量模型对环境意识的关键影响因素进行探究。

4.6.1　环境意识的全局空间自相关分析

中国幅员辽阔，各个地区的环境意识水平存在着很大的差异。污染并不是局部的，雾霾污染具有明显的空间溢出效应（邵帅，2016）。环保宣传也并不是只影响一个地区，互联网技术的发展使得环境保护知识传播得更快更广。所以，环境意识在各地区之间很有可能也并不是相互独立的，一个地区环境意识的高低既有可能会受邻近地区的影响，也有可能会影响周围地区。在进行环境意识影响因素的分析之前，很有必要先考察环境意识是否具有空间效应，从而决定是否需要在使用计量模型的时候选择空间计量模型。

目前，2010 年的公众环境意识呈现出一定的高值与高值相邻及低值与低值相邻特征，环境意识分布很有可能具有一定的正向空间相关性。接下来我们将采用全局 Moran's I 指数检验 2010~2016 年公众环境意识水平的全局空间自相关性，Moran's I 指数的计算公式如下：

$$I = \frac{n \sum\limits_{i=1}^{n} \sum\limits_{j=1}^{n} \omega_{ij}(y_i - \bar{y})(y_j - \bar{y})}{\sum\limits_{i=1}^{n} \sum\limits_{j=1}^{n} \omega_{ij} \sum\limits_{i=1}^{n} (y_i - \bar{y})^2}$$

其中，n 为被检验的省级行政单位的个数。I 为全局 Moran's I 指数，并且 $-1 \leqslant I \leqslant 1$，$I > 0$ 表示正空间自相关，即高（低）值与高（低）值相邻，$I < 0$ 表示负空间自相关，即高（低）值与低（高）值相邻，$I = 0$ 表示无空间自相关，即高值与低值随机分布。ω_{ij} 为空间权重矩阵的（i，j）元素，使用地理距离构建空间权重矩阵。y 为环境意识水平，$\bar{y}$ 为环境意识省份均值。

对于 2010 年问卷调查得到的环境意识总得分，在地理距离权重矩阵下，全局 Moran's I 指数大于 0 且在 5% 的显著性水平下显著。这说明环境意识呈现出正空间自相关，即高值与高值相邻（高—高集聚）、低值与低值相邻（低—低集聚）。图 4-4 是 2010 年 27 个省级行政单位公众环境意识的 Moran's I 散点图。

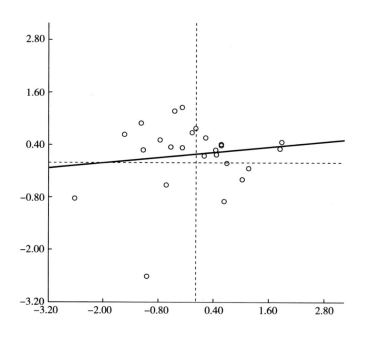

图 4-4　2010 年省域环境意识 Moran's I 散点图

图 4-4 中横轴为环境意识，纵轴为环境意识空间滞后项。第一象限表示高环境意识区域被高环境意识区域包围，第二象限表示低环境意识区域被高环境意识区域包围，第三象限表示低环境意识区域被低环境意识区域包围，第四象限表示高环境意识区域被低环境意识区域包围。第一、第三象限是空间正自相关区域，第二、第四象限是空间负相关区域，若均匀分布在四个象限，则表示不存在空间自相关。从图中可以看出，大部分省份位于第一、第三象限，表明 2010 年环境意识存在显著的正向空间溢出效应。

图 4-5 是 2010~2016 年省域环境意识的 Moran's I 值的柱状图。

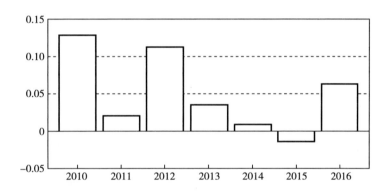

图 4-5　2010~2016 年省域环境意识 Moran's I 值

从图 4-5 中观察到，虽然 2010 年的环境意识水平具有显著的正向空间相关特征，但并不是所有年份的环境意识水平都具有显著为正的空间自相关性，2015 年甚至还出现了负向空间相关特征，所以，使用 Moran's I 进行初步检验的结果显示，环境意识水平的空间自相关性不是很稳定，使用空间计量模型检验也发现，环境意识不存在显著的空间效应，所以，我们直接使用标准的计量方法进行环境意识影响因素的考察，而不考虑空间计量方法。

4.6.2 模型设定及变量说明

设计模型如下：

$$y_{i,t}=\beta_0+\beta_1 gdp_{i,t}+\beta_2 pop_{i,t}+\beta_3 es_{i,t}+\beta_4 fdi_{i,t}+\beta_4 sec_{i,t}+\eta_i+\lambda_t+\varepsilon_{i,t} \qquad (4\text{-}6)$$

其中，$y_{i,t}$ 是第 i 个省级行政单位第 t 年的环境意识得分，作为被解释变量；β_0 为常数项；$gdp_{i,t}$ 为经济增长变量，采用人均 GDP 度量；$pop_{i,t}$ 为人口规模变量，直接采用总人口度量；$es_{i,t}$ 为能源结构，是煤炭消费量与能源消费总量的占比，用来反映地区能源消费结构；$fdi_{i,t}$ 为对外开放变量，采用外商直接投资（FDI）与 GDP 的占比度量，用来反映地区对外开放程度；$sec_{i,t}$ 为产业结构变量，采用第二产业与 GDP 的占比，用来反映地区的产业结构情况；η_i 表示个体效应，η_t 表示时间效应。

表 4-6 是所有变量的描述性统计。

表 4-6　变量描述性统计

变量	均值	标准差	最小值	最大值	样本量
y	49.36	2.59	43.39	56.44	189
gdp	48283.96	23093.19	13119.00	118198.00	189
pop	4870.89	2590.27	633.00	10999.00	189
es	0.7022	0.2897	0.0870	1.4227	189
fdi	0.0490	0.0471	0.0090	0.2632	189
sec	0.4699	0.0745	0.1926	0.5905	189

值得注意的是，从表 4-6 中可以发现，即使把煤炭消费量与能源消费

总量的单位均统一折算成标准煤，计算出来的比率 es 仍出现了大于 1 的情况，这是因为消耗煤炭产生的能源不一定只在本地消费，还会对外输送，就会产生本地能源消费少于煤炭消费的情况。同时，对所有变量进行预处理①后再进行影响因素的识别。

4.6.3　关键因素识别

经检验发现面板数据具有明显的个体效应和时间效应，所以选择双向固定效应（Two-way Fixed Effects）进行回归。表 4-7 报告了使用双向固定效应模型进行回归得到的结果。

表 4-7　影响因素回归结果

解释变量	gdp	pop	es	fdi	sec	$cons$	N	F
估计参数	0.13* (0.070)	−0.08 (0.10)	−0.05 (0.05)	0.08 (0.10)	−0.08 (0.11)	3.44 (0.91)	189	60.89

注：＊＊＊，＊＊，＊分别表示在1%、5%、10%的显著性水平下显著，括号内数字为聚类稳健标准误。

表 4-7 显示，gdp 在 10% 的显著性水平上显著为正，说明 gdp 是影响地区环境意识的重要指标。GDP 高的地区，其环境意识较高；而 GDP 低的地区，其环境意识较低。经济增长对环境意识起着显著为正的影响。人口规模、能源结构、对外开放和产业结构对环境意识的影响并不显著。

---

① 预处理公式为：$\ln(x_t)$。

4.7　本章小结

　　绿水青山离不开人民群众的共同努力，国民的环境意识与环保行为之间具有非常密切的关系，了解国民的环境意识对生态文明建设具有非常重要的指导意义。但目前的环境意识测量方法大多采用问卷调查的形式，需要耗费大量的人力、物力、财力，其权威性毋庸置疑，但其时效性与完整性却亟须提高。

　　大数据技术的发展带来了很多新的数据，互联网搜索数据就是从海量数据中提取出的一类新型数据。诸多文献已经指出互联网搜索数据具有描述用户关注度、感知和认知状况等意识形态的功能。本书创新性地使用互联网搜索量辅助构建环境意识综合指数，以反映公众的环境意识。

　　为了使指数构建方法更加科学，本书不仅同时使用了互联网搜索量和教育程度数据，而且还设计了能够合理利用两类数据的"基于网络的线性回归"模型，此模型区别对待两类数据以便充分发挥各自的优势，在处理高维问题时，利用互联网搜索量之间的相互影响关系构建变量网络，克服了传统模型忽略变量之间网络结构的缺点，获得了较好的表现。

　　使用 LOOCV 检验模型的稳健性，"基于网络的线性回归"模型在拟合环境意识时仍然表现最好。作为环境意识的组成成分，环境知识在 2006 年以后有 2010 年和 2013 年两年的权威数据，把 2010 年的数据作为训练集，把 2013 年的数据作为测试集，进一步检验模型的稳健性。

　　在模型的稳健性得到保证之后，使用"基于网络的线性回归"模型构建环境意识综合指数，得到 2010~2016 年连续的环境意识综合指数，解决了环境意识数据匮乏的困局，为绿色环保领域研究提供了新的理论和实证基础。

接着研究了环境意识的影响因素，发现 GDP 对环境意识具有显著正向影响。经济发展影响着环境意识的高低，这一方面说明发达地区的教育水平和环保宣传做得较好，另一方面也说明经济欠发达地区不够重视环保教育。

第5章 《巴黎协定》、资产价格与环境意识

5.1 问题的提出

温室气体的排放会带来地球温度升高、高山冰川退化、海平面上升、生物多样性减少和雾霾等灾难，会严重影响人类生存和自然平衡。

2016年11月4日，《巴黎协定》正式生效，对2020年后全球应对气候变化行动做出安排，控制全球温室气体的排放。《巴黎协定》是在《联合国气候变化框架公约》下，继《京都议定书》后又一份有法律约束力的气候协议，传递了全球将向绿色低碳发展转型的强有力信号。

金融市场对政策非常敏感，并且金融证券价格会影响绿色企业和重污染企业，从而影响绿色发展，但研究环境政策对金融市场影响的文献却并不是很多。Linn（2006）和 Bushnell 等（2009）分析了碳市场价格变换和

环境政策等外部刺激对绿色能源公司股价产生的影响。Ramiah 等（2013）分析了 2005~2011 年澳大利亚 19 次环保政策对澳大利亚上市公司股价产生的影响，实证结果显示澳大利亚市场对碳污染减少方案的颁布很敏感，绿色政策会影响行业的长期系统风险。韩乾和洪永淼（2014）研究了国家产业政策对资产价格和投资者行为产生的影响，其中，国家新兴战略性产业政策涵盖了节能环保等 7 个产业。研究结果显示国家新兴战略性产业政策颁布后投资者短期能获得超额收益，中长期对收益率无影响，并指出投资者对新信息反应度的不同是导致此现象的主要原因，从投资者交易行为的角度做出了解释。

《巴黎协定》是比较新的绿色政策，鲜少有人关注过其对中国金融证券价格的影响。理论上来讲，《巴黎协定》可以帮助我国推进碳减排，加大污染问题治理力度，促进能源结构转型，提高能源利用率，加强低碳产品的生产和研发，扶持绿色产业。绿色企业会因为政策的扶持而使得其基本面得到改善，从而使其资产价格得到提高。理性的投资者也会逐渐提高对绿色上市公司的关注，购买其股票，从而推高其市值，为绿色企业从金融市场融资提供便利。绿色企业也会因为证券市场的资金支持和国家的政策扶持提高生产效率或扩大生产规模，使得绿色产业得到更好的发展，形成了一个良性的循环（韩乾和洪永淼，2014）。高排放企业有一定的减排任务，没有如期完成需要在碳交易市场购买碳排放权，对于严重污染环境的企业，政府会对这类企业进行处罚。环保规范给重污染企业带来了治理环境或减排的额外成本，使企业的利润减少，投资者对重污染企业的估值也会因此受到影响，从而引起股价惩罚性下跌。重污染企业观察到投资者的反应后，会改善其环境行为，研发新的技术或者改进生产过程，促进企业优化产业结构，提高竞争力，从而使其利润得到提高（Porter，1991；Porter 和

Linde，1995）。那么，真实市场中的情况是不是这样？

本章在研究了《巴黎协定》对中国 A 股市场价格产生的影响之后发现：《巴黎协定》短期内能对绿色企业证券价格产生一定的正面影响，给投资者带来正异常收益，但在中长期并无影响；《巴黎协定》短期内也会对重污染企业证券价格产生一定的负面影响，让投资者不能获得正异常收益，甚至亏损严重，但重污染企业证券价格并没有因《巴黎协定》而长期低迷。

对其原因进行深入分析之后发现：政府对《巴黎协定》的重视和媒体对《巴黎协定》的大幅报道是绿色公司股价短期表现良好的重要原因，减排带来的额外成本是重污染公司股价短期表现不佳的重要原因。但媒体对《巴黎协定》的非持续报道和机构投资者对《巴黎协定》的关注不足影响了《巴黎协定》对绿色证券收益率的中长期影响。重污染企业分为以下两类：一类是重视减排的企业，另一类是不重视减排的企业，在全球提倡绿色发展的背景下，环境政策会刺激重视减排的企业优化能源结构，向绿色可持续的增长模式转型，这样不仅不会降低投资者对这些企业的估值，还会提高企业的声誉；对于不重视减排的重污染企业，可能会面临环境处罚，但我国的环境信息披露政策在 A 股市场上是基本失效的（方颖和郭俊杰，2018），所以重污染公司股价并没有长期低迷。

接着分析了公众环境意识对《巴黎协定》与金融证券价格关系的调节作用。研究发现，当公众环境意识更强时，《巴黎协定》对绿色企业证券价格的短期正面影响及对重污染企业证券价格的短期负面影响会更加明显。

本章的贡献如下：第一，《巴黎协定》对中国环境治理的重要性不言而喻，但《巴黎协定》对中国证券市场价格的影响却鲜少有人研究，本章将填补这一空白。第二，在研究了《巴黎协定》对证券市场产生的短期和中长期影响之后，对现象背后的原因进行了深入分析，并利用互联网数据度量《巴黎协定》的互联网媒体报道量，发现《巴黎协定》媒体报道量的增加是提高绿色资产投资组合收益率的一个显著因素。第三，本章以金融学、环境社会学和统计学等相关理论为基础，从公众环境意识这一全新视角，研究了公众环境意识对《巴黎协定》与金融证券价格关系的调节作用，拓展了跨学科交叉领域的研究。第四，本章的研究结论对环保相关部门思考如何引导绿色投资和约束污染性投资具有一定的政策意义。

研究框架如下：第二部分是数据介绍；第三部分详细分析了《巴黎协定》对证券价格的影响；第四部分对原因进行了深入分析；第五部分研究了环境意识对《巴黎协定》与金融证券价格关系的调节作用；第六部分为本章小结。

5.2 数据介绍

研究样本为 2015 年 1 月 1 日至 2016 年 12 月 3 日中国 A 股市场上所有上市公司，一共有 2995 个。本章主要讨论《巴黎协定》对两类企业证券价格的影响：

一是绿色企业。使用中证指数有限公司发布的中证环保产业指数、中证绿色投资股票指数和中证内地低碳经济主题指数①的 177 个样本公司（剔除不同指数之间重复的公司）股票构建一个绿色组合，其余的股票组成基

---

① 中证指数有限公司官方网站为：http：//www.csindex.com.cn。

中证绿色投资股票指数的样本为绿色收入占比较高，并且没有显著环境风险的公司，一共为 106 个；中证环保产业指数的样本为符合联合国环境与经济综合核算体系环保产业界定方法的公司，一共为 100 个；中证内地低碳经济主题指数的样本为低碳经济主题公司，一共为 50 个。

准组合，讨论《巴黎协定》对绿色企业证券价格产生的影响。

二是重污染企业。根据 2008 年 6 月 24 日环境保护部印发的《上市公司环境保护核查行业分类管理名录》对重污染行业的界定方法①、2017 年证监会行业分类和国民经济行业分类筛选出重污染上市公司，并且剔除同时属于绿色行业的公司，得到重污染企业 832 个，将重污染公司股票组成一个重污染组合，其余的组成基准组合，讨论《巴黎协定》对重污染企业证券价格产生的影响。

无风险利率的代理指标选择日度化一年期定期存款利率②，股票交易数据均取自 Wind 资讯。个股研报取自东方财富网③。

使用"巴黎协定"这个关键词的百度媒体指数度量互联网媒体对《巴黎协定》的报道量。

5.3 《巴黎协定》对证券价格的影响

5.3.1 研究方法

本节利用三因子模型和五因子模型来研究《巴黎协定》对证券价格的短期和中长期影响。虽然 CAPM 是经典的资产定价模型，但只考虑了市场系统风险这一单一的风险因子。Fama 和 French（1993）发现公司市值和账

---

① 重污染行业分别为：火电、钢铁、水泥、电解铝、煤炭、冶金、建材、采矿、化工、石化、制药、酿造、造纸、发酵、纺织和制革，一共 16 个行业。

② 根据复利计算方法，将年度利率转化成日度数据。

③ 东方财富网网址：http://stock.eastmoney.com。

面市值比两个风险因子对资产收益率具有很强的解释能力，提出了三因子模型。三因子模型如下所示：

$$R_t - FR_t = \alpha + \beta(MR_t - FR_t) + sSMB_t + hHML_t + e_t \qquad (5-1)$$

其中，α 为截距项，R_t 为时间 t 证券（组合）的收益率，MR_t 为时间 t 使用总市值加权平均法计算的考虑现金红利再投资的日市场回报率，FR_t 为时间 t 的无风险利率，$MR_t - FR_t$ 为市场风险因子。SMB_t 为市值因子，等于时间 t 小规模公司组合收益率减去大规模公司组合收益率，HML_t 为账面市值比因子，等于时间 t 高账面市值比（B/M）公司组合与低（B/M）公司组合收益率之差。β 为回归系数，e_t 为残差项。

Fama 和 French（2015）又指出盈利能力和投资模式两个风险因子也是影响股票收益率的重要因素，把这两个因子加入三因子模型后，提出了五因子模型，相对于三因子模型，此模型可以更好地解释资产收益率。五因子模型如下：

$$R_t - FR_t = \alpha + \beta(MR_t - FR_t) + sSMB_t + hHML_t + rRMW_t + cCMA_t + e_t \qquad (5-2)$$

其中，RMW_t 为盈利能力因子，等于时间 t 高盈利的公司组合收益率减去低盈利的公司组合收益率，CMA_t 为投资模式因子，等于时间 t 低投资水平公司组合收益率减去高投资水平公司组合收益率。SMB_t、HML_t、RMW_t 和 CMA_t 四个因子均使用 2×3 投资组合划分方法进行股票分组，使用总市值加权法计算组合日收益率，取自国泰安 CSMAR 中国股票市场交易数据库。

采用事件研究法分析《巴黎协定》对证券价格产生的短期影响。对于每一个事件，定义事件日为其发生的日期（若此日期是非交易日，那事件日定义为事件发生日期之后的首个交易日），表 5-1 列出了在样本区间内《巴黎协定》的 4 个重大事件发生的日期及相应的事件日。

表 5-1 《巴黎协定》重大事件

序号	日期	事件日	事件
事件 1	2015 年 12 月 12 日	2015 年 12 月 14 日	《巴黎协定》诞生
事件 2	2016 年 4 月 22 日	2016 年 4 月 22 日	签署《巴黎协定》
事件 3	2016 年 9 月 3 日	2016 年 9 月 5 日	全国人大常委会批准中国加入《巴黎协定》
事件 4	2016 年 11 月 4 日	2016 年 11 月 4 日	《巴黎协定》正式生效

选取 $(-83, -4)$[①] 作为估计窗，$(-3, 3)$ 为事件窗。对于证券 i，记时间 t 绿色（重污染）组合中证券 i 的收益率为 R_{it}。首先，使用三因子模型或五因子模型对窗中的数据进行参数估计，然后预测事件窗中证券 i 的收益率，得到收益率的拟合值 $\hat{R}_{it}$，使用此预测误差来度量证券 i 的异常收益率：

$$AR_{it} = R_{it} - \hat{R}_{it}$$

绿色（重污染）组合中证券 i 在时间 $t_1 \sim t_2$ 的累计异常收益率为：

$$CAR_i(t_1, t_2) = \sum_{j=t_1}^{t_2} AR_{ij}$$

绿色（重污染）组合平均异常收益率和累计平均异常收益率的计算方法如下：

$$AAR_i = \frac{1}{N} \sum_{i=1}^{N} AR_{it}, \quad CAAR(t_1, t_2) = \frac{1}{N} \sum_{i=1}^{N} CAAR(t_1, t_2)$$

其中，N 为绿色（重污染）组合中的证券数目。对每一个事件在不同事件窗口的平均异常收益率和累计平均异常收益率进行分析并检验显著性。

通过研究绿色（重污染）组合和基准组合超额收益率的差值来分析《巴黎协定》对证券价格产生的中长期影响（韩乾和洪永淼，2014）。使用

---

① 事件 4 的估计窗为 $(-34, -4)$，因为事件 3 事件日至事件 4 事件日之间一共只有 37 个交易日，剔除事件 3 在窗口 $(1, 3)$ 中的 3 个交易日和事件 4 在 $(-3, -1)$ 中的 3 个交易日，剩下 31 个交易日可以用来进行参数估计。事件 1、事件 2、事件 3 的估计窗均为 $(-83, -4)$。

总市值加权法计算出两个组合的收益率 R_t，在三因子模型，α 为截距项，可以用来衡量资产组合中长期超出三个风险因子补偿收益的超额收益率，记绿色（重污染）组合的超额收益率为 α_c，基准组合的超额收益率为 α_B，则可用绿色（重污染）组合与基准组合超额收益率的差值来衡量《巴黎协定》中长期的影响，记为：$D = \alpha_C - \alpha_B$。五因子模型的 α 可以用来衡量资产组合中长期超出五个风险因子补偿收益的超额收益率，使用同样的方法计算出差值，使用基于不同模型计算的差值讨论《巴黎协定》的影响，可以使得结论更可靠。

5.3.2 实证分析

5.3.2.1 《巴黎协定》对证券价格的短期影响

对绿色（重污染）组合，分别利用三因子模型和五因子模型计算出 4 个事件在（-3，3）事件窗获得的平均异常收益率 AAR 和累计平均异常收益率 CAAR 并进行显著性检验，绿色组合计算结果如表 5-2 所示，重污染组合计算结果如表 5-3 所示。

表 5-2　绿色组合平均异常收益率和累计平均异常收益率

		窗口	事件 1	事件 2	事件 3	事件 4
三因子模型	AAR	-3	-0.0055 ** (-2.0266)	-0.0023 (-0.9807)	-0.0009 (-0.9860)	-0.0021 * (-1.8719)
		-2	-0.0033 * (-1.8350)	0.003 (1.2292)	0.0001 (0.0870)	-0.0064 *** (-4.6147)
		-1	-0.0009 (-0.4791)	0.0005 (0.3095)	0.0006 (0.4923)	-0.0007 (-0.5035)
		0	0.006 *** (3.3188)	0.0001 (0.0789)	0.0009 (0.6752)	-0.0004 (-0.2553)

		窗口	事件1	事件2	事件3	事件4
三因子模型	AAR	1	−0.0039** (−2.3277)	−0.0013 (−0.6853)	0.0133*** (6.5765)	−0.0007 (−0.3850)
		2	−0.0009 (−0.5133)	−0.0005 (−0.2917)	0.0059*** (3.0209)	0.0028* (1.7551)
		3	0.0023 (1.1619)	−0.0047 (−1.1035)	0.0002 (0.1110)	−0.0025** (−2.1232)
	CAAR	(−3, 3)	−0.0062 (−1.1077)	−0.0052 (−0.6992)	0.02*** (3.9730)	−0.0101** (−2.5553)
五因子模型	AAR	−3	−0.0037 (−1.4768)	−0.0025 (−1.0654)	−0.0008 (−0.7841)	−0.0031** (−2.0627)
		−2	−0.001 (−0.5877)	0.0024 (0.9791)	−0.0001 (−0.1247)	−0.0051*** (−3.6588)
		−1	−0.0021 (−1.0057)	0.0011 (0.6536)	0.0007 (0.5064)	0.0011 (0.7699)
		0	0.0058*** (3.1572)	−0.0008 (−0.4411)	0.0008 (0.5739)	0.0009 (0.5307)
		1	−0.0027* (−1.6928)	−0.0014 (−0.7111)	0.0134*** (6.5309)	0.0023 (1.3076)
		2	−0.0017 (−0.9079)	−0.0006 (−0.3352)	0.006*** (3.0922)	0.0017 (1.1443)
		3	0.0041** (2.0029)	−0.0052 (−1.1983)	−0.0002 (−0.1517)	−0.0011 (−0.9151)
	CAAR	(−3, 3)	−0.0014 (−0.2852)	−0.0069 (−0.9204)	0.0196*** (3.8801)	−0.0032 (−0.6441)

注：***、**、*分别表示在1%、5%、10%的显著性水平下显著，括号内为显著性检验值。

表5-2是《巴黎协定》对绿色组合证券价格短期影响的检验结果。从表中可以观察到，不管基于哪个模型，在事件窗（−3，3）上，批准《巴黎协定》这个事件（事件3）均可使绿色组合在1%的显著性水平下产生显著

表5-3　重污染组合平均异常收益率和累计平均异常收益率

		窗口	事件1	事件2	事件3	事件4
三因子模型	AAR	-3	-0.0004 (-0.3607)	-0.0023** (-2.1105)	0 (-0.0062)	-0.0025*** (-2.8531)
		-2	-0.0026*** (-2.7551)	0.0019 (1.3320)	-0.0002 (-0.3449)	-0.0001 (-0.1123)
		-1	0.0044*** (4.5548)	0.0051*** (5.3374)	0.0007 (0.9875)	-0.0033*** (-5.0794)
		0	0.0056*** (5.9486)	-0.0071*** (-5.4509)	0.002*** (2.7643)	-0.0008 (-1.0877)
		1	-0.005*** (-6.6214)	-0.0001 (-0.1635)	-0.0006 (-0.5228)	0.0031*** (3.8172)
		2	0.0012 (1.3775)	-0.0052*** (-4.1561)	-0.0013** (-2.1255)	-0.0025*** (-3.9416)
		3	-0.001 (-1.1784)	-0.0022 (-1.4486)	0.0015** (2.0662)	0.0029*** (3.6046)
	CAAR	(-3, 3)	0.0021 (0.7878)	-0.01*** (-3.1389)	0.002 (0.8678)	-0.0032 (-1.3478)
五因子模型	AAR	-3	0.0023** (2.2449)	-0.0025** (-2.2708)	-0.0009* (-1.7573)	-0.0002 (-0.2437)
		-2	0.0004 (0.4381)	-0.0009 (-0.6397)	-0.0009 (-1.4844)	-0.0001 (-0.1209)
		-1	0.0025** (2.4949)	0.0043*** (4.5773)	0.001 (1.3808)	-0.0047*** (-6.3414)
		0	0.0059*** (6.3254)	-0.0052*** (-3.9882)	0.0016** (2.3203)	-0.0013* (-1.7351)
		1	-0.0037*** (-4.9126)	-0.002** (-2.2952)	0.001 (0.8580)	0.0023*** (2.7890)
		2	0.0002 (0.2551)	-0.0048*** (-3.8194)	-0.0013** (-2.0936)	-0.002*** (-3.0760)
		3	0.0015* (1.6762)	-0.0021 (-1.3757)	0.0014** (2.0096)	0.003*** (3.5967)

续表

		窗口	事件 1	事件 2	事件 3	事件 4
五因子模型	CAAR	(−3，3)	0.0091 *** (3.2994)	−0.0133 *** (−4.1222)	0.0018 (0.7985)	−0.0029 (−1.0263)

注：***、**、*分别表示在1%、5%、10%的显著性水平下显著，括号内为显著性检验值。

正的累计平均异常收益率 $CAAR$，且连续 4 天的平均异常收益率 AAR 为正，其中事件日后第一个和第二个交易日的 AAR 在 1% 的显著性水平下显著。说明全国人大常委会批准中国加入《巴黎协定》后，绿色企业的证券价格有了较显著的上升，使得绿色行业投资者短期获得了较大的正异常收益。事实上，基于五因子模型的计算结果显示，在事件窗（−3，3）上，四个事件均未使绿色组合产生显著为负的累计平均异常收益率。

所以，绿色组合在《巴黎协定》重大事件发生前后几日表现较为良好，可以使得投资者在短期内获得一定的正异常收益。

表 5-3 是《巴黎协定》对重污染组合证券价格影响的检验结果。基于三因子模型和五因子模型的计算结果都显示，在事件窗（−3，3）上，签署《巴黎协定》这个事件（事件 2）使重污染组合在 1% 的显著性水平下产生显著为负的累计平均异常收益率 $CAAR$，且 7 天中有至少 5 天的平均异常收益率，AAR 为负，其中至少 3 天显著为负，说明签署《巴黎协定》对重污染企业的证券价格有较显著的负面影响，使得重污染行业投资者短期亏损严重。

所以，重污染组合在《巴黎协定》重大事件发生前后几日表现不是很好，投资者在短期内并不能获取正异常收益，甚至可能亏损严重。

5.3.2.2 《巴黎协定》对证券价格的中长期影响

将样本期拆分为三个窗口：第一个窗口为 2015 年 1 月 1 日至 12 月 11

日（《巴黎协定》诞生前），第二个窗口为 2015 年 12 月 12 日至 11 月 3 日（《巴黎协定》诞生至正式生效前），第三个窗口为 2016 年 11 月 4 日至 2016 年 12 月 3 日（《巴黎协定》生效后一个月）。本书分别对这三个窗口进行讨论。

表 5-4 给出了在三个窗口上使用三因子模型和五因子模型得到的绿色（重污染）组合与基准组合超额收益率及其差值。

表 5-4 绿色（重污染）组合与基准组合超额收益率及其差值

	面板 A：绿色组合					
	三因子模型			五因子模型		
窗口	α_C	α_B	D	α_C	α_B	D
一	0.0002 (0.0005)	0.0005 *** (0.0002)	−0.0003 (0.0005)	0.0003 (0.0005)	0.0005 *** (0.0002)	−0.0002 (0.0005)
二	−0.0003 (0.0002)	0 (0.0001)	−0.0003 (0.0002)	−0.0004 (0.0002)	0 (0.0001)	−0.0003 (0.0002)
三	0 (0.0005)	0.0002 (0.0001)	−0.0001 (0.0005)	0.0002 (0.0005)	0.0002 (0.0001)	0 (0.0006)
	面板 B：重污染组合					
一	−0.0004 (0.0003)	0.0008 *** (0.0002)	−0.0011 *** (0.0004)	−0.0002 (0.0003)	0.0007 *** (0.0002)	−0.0009 ** (0.0003)
二	0 (0.0002)	−0.0001 (0.0001)	0.0001 (0.0002)	0.0001 (0.0002)	−0.0001 (0.0001)	0.0002 (0.0002)
三	−0.0004 (0.0006)	0.0004 (0.0002)	−0.0008 (0.0007)	−0.0004 (0.0004)	0.0004 (0.0002)	−0.0008 * (0.0005)

注：***、**、* 分别表示在 1%、5%、10% 的显著性水平下显著，括号内为标准误。

表 5-4 中面板 A 是绿色组合与基准组合超额收益率及其差值，不管是使用三因子模型还是五因子模型，都可以观察到：绿色组合与基准组合超额收益率的差值在三个窗口均不显著。说明在中长期，绿色组合和基准组

合在超额收益率上无显著性差异，即《巴黎协定》在中长期并未对绿色股票的超额收益率产生显著的正面影响。

面板 B 是重污染组合与基准组合超额收益率及其差值，从表中可以观察到，虽然第一个窗口中的差值 D 显著为负，但第二个窗口中的差值 D 并未显著，且为正，第三个窗口中两个模型取得的结论不一致，不能说明此窗口的差值 D 显著为负。这说明《巴黎协定》并未让重污染行业证券价格长期低迷。

综上所述，《巴黎协定》对绿色组合的正向影响可以使得绿色组合在《巴黎协定》重大事件发生前后几日表现较好，投资者在短期内可以获得一定的正异常收益，但《巴黎协定》在中长期并未对绿色组合的超额收益率产生显著影响；重污染组合在《巴黎协定》重大事件发生前后几日的表现不是很理想，投资者在短期内并不能获得正异常收益，甚至亏损严重，不过重污染企业的证券价格也并没有一直低迷，《巴黎协定》诞生后到生效前，重污染组合与基准组合在超额收益率上并没有显著性差异。

5.4 原因分析

媒体报道是影响《巴黎协定》对股市作用效果的重要原因。新闻媒体可以通过舆论监督推动环保工作更好地进行，也可以影响投资者的投资决策。为了研究《巴黎协定》的媒体报道量对绿色产业和重污染行业证券价格产生的影响，构建如下模型：

$$R_t - FR_t = \alpha + \beta(MR_t - FR_t) + sSMB_t + hHML_t + rRMW_t + cCMA_t + \emptyset_0 BM_{t-1} + e_t$$

$$(5-3)$$

其中，R_t 为时间 t 绿色（重污染）组合的收益率，被解释变量 $R_t - FR_t$ 为调整无风险收益后绿色（重污染）组合的收益率。BM_{t-1} 为时间 $t-1$ "巴黎协定" 关键词经过预处理的百度媒体指数[1]，用来度量《巴黎协定》的互联网媒体关注度。考虑到《巴黎协定》诞生前百度媒体指数为零，所以使用《巴黎协定》诞生至生效后一个月（2015 年 12 月 14 日至 2016 年 12 月 3 日）的样本进行回归。

检验《巴黎协定》的媒体报道量对绿色组合影响的模型回归结果如表 5-5 所示，检验《巴黎协定》的媒体报道量对重污染组合影响的模型回归结果如表 5-6 所示：

表 5-5 媒体报道与绿色组合收益率的回归结果

	模型（1）	模型（2）	模型（3）	模型（4）
常数项	-0.0003 （0.0002）	-0.0003 （0.0002）	-0.0003 （0.0002）	-0.0003 （0.0002）
$MR_t - FR_t$	0.9228*** （0.0173）	0.9316*** （0.0179）	0.9210*** （0.0171）	0.9289*** （0.0177）
SMB_t	0.1367** （0.0693）	0.1729*** （0.0596）	0.1529*** （0.0566）	0.1825*** （0.0593）
HML_t	-0.1765** （0.1098）	-0.1976** （0.0857）	-0.1619** （0.07652）	-0.1883** （0.0850）
RMW_t		0.1308 （0.0929）		0.1253 （0.0919）
CMA_t		-0.0309 （0.0864）		-0.0099 （0.0859）

---

① 预处理公式：$\ln(x_t / x_{t-1})$。

续表

	模型（1）	模型（2）	模型（3）	模型（4）
BM_{t-1}			0.0002*** （0.0001）	0.0002*** （0.0001）
调整 R^2	0.9638	0.9640	0.9649	0.9650

注：***、**、*分别表示在1%、5%、10%的显著性水平下显著，括号内为标准误。

表5-5是绿色组合基于四个模型的回归结果。模型（1）和模型（2）分别是三因子模型和五因子模型，用来进行对比分析。模型（3）是在三因子模型的基础上加入了百度媒体指数之后得到的新模型，模型（4）是在五因子模型的基础上加入了百度媒体指数之后得到的新模型，这两个模型是用来观察媒体报道对绿色证券组合价格的影响。从表中可以看出，模型（3）拟合效果比模型（1）好，且BM_{t-1}的系数在1%的显著性水平下显著为正，模型（4）也取得了比模型（2）更好的拟合效果，且BM_{t-1}的系数也在1%的显著性水平下显著为正。所以，不管是使用三因子模型，还是使用五因子模型，在这些模型的基础上加入BM_{t-1}之后，模型的拟合效果都得到了提高，且BM_{t-1}的系数都显著为正，也就是说，"巴黎协定"的百度媒体指数对绿色组合收益率具有一定的解释作用，且两者显著正相关。这表明，《巴黎协定》的媒体报道量的提高会引导投资者提高对相关绿色股的关注，加大购买此类股票的概率，从而推高相关证券的价格，使得绿色组合收益率提高。

表5-6　媒体报道与重污染组合收益率的回归结果

	模型（1）	模型（2）	模型（3）	模型（4）
常数项	0 （0.0002）	0 （0.0002）	0 （0.0002）	0 （0.0002）

续表

	模型（1）	模型（2）	模型（3）	模型（4）
$MR_t - FR_t$	0.9881 *** (0.0155)	0.9800 *** (0.0145)	0.9882 *** (0.0155)	0.9797 *** (0.0145)
SMB_t	0.0663 (0.0506)	−0.0041 (0.0481)	0.0590 (0.0513)	−0.0060 (0.0486)
HML_t	0.3745 *** (0.0688)	0.2193 *** (0.0692)	0.3671 *** (0.0694)	0.2174 *** (0.0696)
RMW_t		0.1191 (0.0751)		0.1183 (0.0753)
CMA_t		0.4900 *** (0.0698)		0.4905 *** (0.0703)
BM_{t-1}			0 (0.0001)	0 (0.0001)
调整R^2	0.9650	0.9716	0.9650	0.9715

注：***、**、*分别表示在1%、5%、10%的显著性水平下显著，括号内数字为标准误。

表5-6是重污染组合基于四个模型的回归结果。从表中可以看出，模型（3）拟合效果并没有比模型（1）好，且BM_{t-1}的系数不显著，模型（4）也没有取得比模型（2）更好的拟合效果，且BM_{t-1}的系数同样不显著。所以，不管是使用三因子模型，还是使用五因子模型，在这些模型的基础上加入BM_{t-1}之后，模型的拟合效果都没有得到提高，且BM_{t-1}的系数都不显著，也就是说，"巴黎协定"的百度媒体指数对重污染组合收益率没有影响。这表明，《巴黎协定》媒体报道量的提高并不能对重污染组合收益率产生影响。

所以，《巴黎协定》的媒体报道量的确会影响投资者的决策，从而影响金融证券价格，虽然不能对重污染组合收益率产生影响，但是《巴黎协定》的媒体报道量的增加可以显著地提高绿色组合的收益率。

接下来使用此结论及更多的调查结果来深入分析《巴黎协定》对证券价格短期和中长期影响的原因。

5.4.1 《巴黎协定》对证券价格短期影响的原因分析

中国十分重视《巴黎协定》。2015 年 12 月 16 日，巴黎气候大会刚落幕不久，国务院就批准了一个水电重大项目和三个核电重大项目，以绿色发展促结构调整。2016 年，博鳌亚洲论坛专门开设了"全球气候治理的新格局"分论坛。同年二十国集团（G20）第二次协调人会议上，中国倡议各成员发表关于气候变化问题的主席声明，推动落实《巴黎协定》。2016 年 4 月 22 日，中国在第一时间签署了《巴黎协定》。2016 年 9 月 3 日，全国人大常委会批准中国加入《巴黎协定》，成为 100 多个缔约方中第 23 个完成批准协定的缔约方，在世界大国中率先批准《巴黎协定》，并传递了长期低碳转型的坚定信号。

《巴黎协定》给节能、环保、新能源和新能源汽车等绿色行业的企业带来了商机，近几年新能源汽车井喷式的发展就是一个很好的例子。事实上，除了新能源汽车，早在 2010 年底，风电累计装机已经达到了 4182.7 万千瓦，居世界第一；2014 年，水电装机容量突破 3 亿千瓦，水电发电量突破了 1 万亿千瓦时，稳居世界第一；2015 年底，光伏发电累计装机容量为 4318 万千瓦，成为全球最大的国家。2016 年 9 月，首批太阳能热发电示范项目被确定，中国已经成为可再生能源第一大国，《巴黎协定》提振了社会对绿色低碳产业的信心。

在《巴黎协定》重大事件发生时，媒体必然会对《巴黎协定》进行报道。图 5-1 是"巴黎协定"这个关键词在研究区间内的百度媒体指数走势，用来反映媒体对《巴黎协定》的报道量的变化趋势。从走势图中可以观察到，在四个重大事件发生前后 3 日，"巴黎协定"的百度媒体指数出现了波峰，也就是说，在这些时间段内，媒体对《巴黎协定》进行了大量的报道。

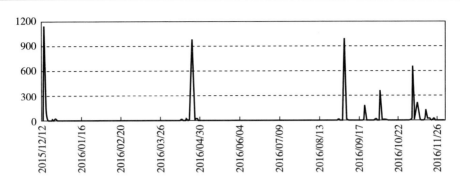

图 5-1 "巴黎协定"关键词的百度媒体指数走势

《巴黎协定》的媒体报道量会显著提高绿色组合的收益率，政策利好下，加上《巴黎协定》重大事件的刺激和媒体对《巴黎协定》的大幅报道，投资者调整对绿色企业的估值，从而推高绿色公司的股价，使得绿色公司股价短期表现良好。

为了达到减排目标，国家会采取各种措施，限制企业过度排放。比如，国家规定各能耗企业在一定时期内完成一定的减排目标，如果企业无法如期完成，可在碳排放权交易市场上通过碳排放权交易获得减排量。对于严重污染环境的企业，会有被处罚的风险。碳价的变动会给需要碳排放额的公司带来风险（Oestreich 和 Tsiakas，2015），治理污染或减排会产生额外的成本，降低企业的利润。所以，在《巴黎协定》重大事件发生时，投资者对重污染行业的前景有所担忧，导致重污染公司股价表现不佳。

5.4.2 《巴黎协定》对证券价格中长期影响的原因分析

从图 5-1 中还可以观察到，媒体对《巴黎协定》的大幅报道只集中在四个重大事件的事件窗内。虽然在 2016 年 10 月 5 日前后几日也有不小的报道量，但这也是因为《巴黎协定》达到生效条件的消息被宣布。也就是说，只有在《巴黎协定》有重大事件发生时，媒体才会对其进行大量报道，其他时间报道量非常小甚至没有。媒体的这种短期集中报道会影响投资者对《巴黎协定》的持续关注，从而影响《巴黎协定》对绿色企业的中长期效应。

事实上，机构投资者对《巴黎协定》的关注程度的确也不高。从《巴黎协定》诞生至《巴黎协定》生效后 1 个月，即 2015 年 12 月 12 日至 2016 年 12 月 3 日期间，绿色组合一共有 615 篇个股研报，其中仅有 3 篇提及了"巴黎协定"，发布时间分别为 2015 年 12 月 14 日、2016 年 9 月 5 日和 2016 年 10 月 28 日，均在事件日附近，也就是说，只有在与《巴黎协定》有关的大事件发生时，投资者才有可能关注《巴黎协定》（四个大事件，只有 3 篇个股研报，签署《巴黎协定》时并没有出现相关个股研报），而其他时候并不关注。

虽然中国在履行《巴黎协定》时，针对重污染行业会有一些管制，给企业带来一定的限制，但并不一定会使企业的经营业绩变差。环保政策可以刺激厂商提高生产效率，尤其是对高污染企业的作用更显著（陈坤铭等，2013）。Hart 和 Ahuja（1996）发现越注重环境保护和减排，企业的资产收益率和销售收益率越高。Klassen 和 Mclaughlin（1996）用事件研究法向我们展示了具有较强环境管理措施的公司可以获得较高的股票收益率，具有较弱环境管理措施的公司往往会带来环境灾害。博京燕和李丽莎（2010）对环境规制、要素禀赋与中国污染产业国际竞争力的作用机制进行了探究，得出我国污染密集型产业并不具有绝对比较优势，环境规制对比较优势产生"U"形影响。陈诗一（2010）指出改革以来中国实行的一系列节能减排政策推动了工业绿色生产率的持续改善。张成等（2011）研究了环境规制强度与企业生产技术进步的关系，实证结果显示东中部地区两者呈"U"

形关系，西部地区尚未有显著的"U"形关系。

在环境政策的刺激下，很多重污染企业都在加快产业结构转型升级，优化能源结构，向绿色可持续的增长模式转型。比如，2016 年 6 月 6 日，中国华电集团公司发布了《中国华电"十二五"温室气体排放白皮书》，这是中央企业首次发布的温室气体排放报告。中国华电拥有健全的碳排放管理体系，"十二五"期间通过结构调整成功减排 1.5 亿吨二氧化碳，通过节能降耗减排 5482 万吨二氧化碳，2015 年清洁能源装机容量达 5000 万千瓦，居五大发电集团之首，2014 年碳交易市场上碳排放履约率达 100%，并且承诺将在"十三五"期间继续贡献巨大的减排量。

所以对于重视减排的重污染企业，环境政策会刺激企业增加研发投入，注重技术改良，提高竞争力，通过结构转型等方式改变增长模式，不仅不一定使经营业绩变差，而且还会带来较好的声誉，从而带来利润。对于不重视减排的重污染企业，的确会面临处罚，但处罚力度往往很小，对企业的经营业绩影响有限（Lan 等，2012；Zeng 等，2012），而且投资者对企业环境责任的重视也不足，即使披露企业的环境处罚信息，但对企业收益率的影响也很小（方颖和郭俊杰，2018）。所以，重污染公司股价并没有因《巴黎协定》长期低迷。

5.5 环境意识的调节作用

虽然环境政策为生态文明建设提供了可靠保障，但公众的环境意识却影响着环境政策的实施效果。意识是行为的基础，公众环境意识可以影响其环境行为，也影响个人绿色消费（Chitra，2007；Dienes，2015；范金和陈锡康，2000）、绿色生产（Yakita 和 Yamauchi，2011；Liu 等，2012），还可以调节制度对企业绩效的作用效果（胡珺等，2017）。

为了履行《巴黎协定》，政府会加大对绿色企业的扶持及对重污染企业的整治。从直觉上来讲，具有较高环境意识水平的消费者具有更强的环保行为意愿，更倾向于进行绿色消费，也会更加支持《巴黎协定》，帮助政府更好地履行《巴黎协定》。具有高水平环境意识的消费者在选择消费品的时候会更偏好于节能减排产品，在使用和处置产品时会注意其行为是否会产生更多的温室气体，同时也会关注企业的环境友好程度，支持绿色企业，监督能耗企业的碳排放情况，抵制重污染企业的高排放行为。公司注册经营地的公众环境意识越高，对节能减排产品的需求也越高，对企业的环境友好程度要求更高，企业在生产过程中也会更加在意当地公众的绿色消费需求及与当地公众的社会关系。一方面可以为绿色企业带来利润和发展前景，提高其资产价格，吸引更多的投资者投资绿色产业；另一方面会督促重污染企业加大污染治理和减排力度，促使重污染企业加快能源结构转型的步伐。因此，在《巴黎协定》履行期间，公众参与可以起到调节《巴黎协定》相关政策执行效果的作用；在金融市场上，公众环境意识也可以起到调节《巴黎协定》与证券价格关系的作用。前文已经得出《巴黎协定》对绿色证券价格有短期正面影响，对重污染组合有短期负面影响。

由此，提出以下假设：当公众环境意识更强时，《巴黎协定》对金融证券价格的短期影响更明显。

在研究公众环境意识对《巴黎协定》与金融证券价格关系的调节作用之前，需要先获取环境意识数据。目前规模较大且较新的中国国民环境意识测量数据是中国人民大学中国调查与数据中心发布的 CGSS 2010 数据，使用从 CGSS 2010 中整理出的 2010 年中国所有省级行政单位的环境意识得分，按照此得分在各地区的排名，以中位数为界，将 31 个省级行政单位分为高环境意识地区和低环境意识地区两部分[①]，分别研究在不同环境意识水平下，《巴黎协定》对金融证券价格所产生的影响（胡珺等，2017）。

《巴黎协定》可以在短期影响证券价格，接下来我们研究《巴黎协定》对不同环境意识水平地区绿色（重污染）组合的短期影响，以考察环境意识对《巴黎协定》与绿色（重污染）证券价格短期关系的调节作用。表 5-7 是用事件研究法研究不同环境意识水平地区的绿色（重污染）组合在（-3，3）窗口取得的累计平均异常收益率。

表 5-7 不同环境意识水平地区绿色（重污染）组合累计平均异常收益率

组合	地区	模型	事件 1	事件 2	事件 3	事件 4
绿色组合	高环境意识地区	三因子模型	-0.0079 (-1.2209)	-0.0072 (-0.7459)	0.0211*** (3.6498)	-0.0062 (-1.3253)
		五因子模型	-0.0003 (-0.5459)	-0.0077 (-0.7955)	0.0208*** (3.5642)	0.0020 (0.3543)
	低环境意识地区	三因子模型	-0.0015 (-0.1282)	0.0005 (0.0695)	0.0169 (1.6400)	-0.0211** (-2.9870)
		五因子模型	0.0031 (0.2835)	-0.0045 (-0.5515)	0.0165 (1.5999)	-0.0180* (-1.8641)

---

① 高环境意识地区有：天津、北京、上海、广东、辽宁、青海、山东、浙江、江苏、贵州、山西、新疆、河北、宁夏、吉林、福建；低环境意识地区有：黑龙江、甘肃、湖北、江西、安徽、内蒙古、海南、河南、广西、陕西、四川、湖南、西藏、云南、重庆。

续表

组合	地区	模型	事件1	事件2	事件3	事件4
重污染组合	高环境意识地区	三因子模型	0.0039 (1.1317)	-0.0097*** (-2.5261)	-0.0001 (-0.0189)	-0.0048* (-1.6997)
		五因子模型	0.0103*** (2.9205)	-0.0124*** (-3.2366)	-0.0002 (-0.0566)	-0.0047 (-1.3521)
	低环境意识地区	三因子模型	-0.0014 (-0.3229)	-0.0106* (-1.8601)	0.0061** (1.9156)	0 (0.0071)
		五因子模型	0.0068 (1.5512)	-0.0150** (-2.5487)	0.0058* (1.8889)	0.0006 (0.1121)

注：***、**、*分别表示在1%、5%、10%的显著性水平下显著，括号内为显著性检验值。

从表5-7中可以看出，高环境意识地区的绿色企业投资组合在《巴黎协定》重大事件的事件窗口内都表现较好。不管是使用哪个模型进行计算，绿色组合在事件3的（-3，3）事件窗中取得了显著为正的累计平均异常收益率，并且在任何一个事件的事件窗口内均没有产生显著为负的累计平均异常收益率。可是低环境意识地区的绿色组合表现就很不理想，不仅在事件3的事件窗口内没有产生显著为正的累计平均异常收益率，而且基于三因子模型和五因子模型的计算结果均显示，绿色组合在事件4的事件窗内产生了显著为负的累计平均异常收益率。这说明，当公众环境意识更强时，《巴黎协定》对绿色企业的短期正面影响更明显。

对于重污染组合，基于三因子模型和五因子模型的计算结果都显示，高环境意识地区的企业在《巴黎协定》重大事件发生前后几日表现都比较差，并且在签署《巴黎协定》的事件窗口内，基于两个模型的计算结果都显示资产组合在此事件窗中取得了显著为负的累计平均异常收益率。可是低环境意识地区的企业却在全国人大常委会批准中国加入《巴黎协定》事件窗口内还取得了显著为正的累计平均异常收益率，说明，当公众环境意识更强时,《巴黎协定》对重污染企业的短期负面影响更明显。

基于全样本的结果显示,《巴黎协定》对绿色组合在超额收益率上没有中长期影响,重污染组合的收益率也没有因为《巴黎协定》的负面影响而长期低迷。接下来我们研究《巴黎协定》对不同环境意识水平地区绿色(重污染)组合的中长期影响,以考察《巴黎协定》对证券价格的中长期影响是否会因环境意识水平的不同而有所改变。表 5-8 是不同环境意识水平地区的绿色(重污染)组合与基准组合超额收益率的差值。

表 5-8 中面板 A 是不同环境意识水平地区的绿色组合与基准组合超额收益率及其差值。可以发现,高环境意识地区和低环境意识地区的绿色企业组合与基准组合超额收益率的差值在三个窗口均不显著,说明《巴黎协定》对不同环境意识水平地区的绿色企业的超额收益仍旧不能产生中长期正面影响。虽然高环境意识地区的绿色组合与基准组合超额收益率的差值在第三个窗口为正,但并不显著,不能说明《巴黎协定》在第三个窗口对此地区的绿色组合有显著的中长期正向影响,也不能说明《巴黎协定》在这个窗口对两个不同环境意识水平地区的中长期影响有明显差异。

表 5-8　不同环境意识水平地区绿色(重污染)组合与
基准组合超额收益率及其差值

		面板 A:绿色组合					
		三因子模型			五因子模型		
	窗口	α_C	α_B	D	α_C	α_B	D
高环境意识地区	一	0.0004 (0.0005)	0.0005*** (0.0002)	-0.0001 (0.0006)	0.0005 (0.0005)	0.0005*** (0.0002)	0 (0.0006)
	二	-0.0003 (0.0002)	0 (0.0001)	-0.0003 (0.0003)	-0.0003 (0.0002)	0 (0.0001)	-0.0003 (0.0003)
	三	0.0003 (0.0006)	0.0002 (0.0001)	0.0001 (0.0006)	0.0004 (0.0006)	0.0002 (0.0001)	0.0002 (0.0006)

面板 A：绿色组合							
		三因子模型			五因子模型		
	窗口	α_C	α_B	D	α_C	α_B	D
低环境意识地区	一	−0.0004 (0.0006)	0.0005*** (0.0002)	−0.0009 (0.0006)	−0.0002 (0.0006)	0.0005*** (0.0002)	−0.0007 (0.0006)
	二	−0.0005 (0.0004)	0 (0.0001)	−0.0004 (0.0004)	−0.0006 (0.0004)	0 (0.0001)	−0.0005 (0.0004)
	三	−0.0007 (0.0007)	0.0002 (0.0001)	−0.0009 (0.0007)	−0.0006 (0.0007)	0.0002 (0.0001)	−0.0008 (0.0007)
面板 B：重污染组合							
高环境意识地区	一	−0.0003 (0.0004)	0.0008*** (0.0002)	−0.001** (0.0004)	−0.0001 (0.0003)	0.0007*** (0.0002)	−0.0008** (0.0004)
	二	0 (0.0002)	−0.0001 (0.0001)	0.0004 (0.0002)	0.0001 (0.0002)	−0.0001 (0.0001)	0.0002 (0.0002)
	三	−0.0002 (0.0006)	0.0004 (0.0002)	−0.0005 (0.0006)	−0.0003 (0.0004)	0.0004 (0.0002)	−0.0007 (0.0004)
低环境意识地区	一	−0.0006 (0.0004)	0.0008*** (0.0002)	−0.0014*** (0.0005)	−0.0006 (0.0004)	0.0007*** (0.0002)	−0.0012** (0.0005)
	二	0 (0.0003)	−0.0001 (0.0001)	0.0001 (0.0003)	0.0001 (0.0003)	−0.0001 (0.0001)	0.0002 (0.0003)
	三	−0.0012 (0.001)	0.0004 (0.0002)	−0.0016 (0.0011)	−0.0007 (0.0009)	0.0004 (0.0002)	−0.0011 (0.0009)

注：***、**、* 分别表示在 1%、5%、10% 的显著性水平下显著，括号内为标准误。

表 5-8 中面板 B 是不同环境意识水平地区的重污染组合与基准组合超额收益率及其差值。可以发现，高环境意识地区和低环境意识地区的重污染组合与基准组合超额收益率的差值并没有在三个窗口均显著为负，说明《巴黎协定》并不会对不同环境意识水平地区重污染企业的超额收益产生长期稳定的负面影响。

综上所述，当公众环境意识更强时，《巴黎协定》对绿色企业证券价格的短期正面影响及对重污染企业证券价格的短期负面影响更明显；高水平的环境意识虽然会让《巴黎协定》对两类企业的中长期影响产生细微差别，但并不能明显影响《巴黎协定》的中长期效应。所以，当公司注册经营地的公众环境意识更强烈时，《巴黎协定》对金融证券价格的短期影响更明显。

5.6 本章小结

极端的气候变化会给人们带来巨大灾难，《巴黎协定》是应对气候变化的重要协定，起着促进全球绿色低碳发展的重要作用。要使得经济发展方式向低碳可持续发展调整，既要促进绿色产业的发展，也要改造传统重污染产业，在这个过程中，金融工具的作用不容小觑，不管是绿色企业还是重污染企业，金融市场的资金支持都是影响其发展的重要因素。

本章借助三因子模型和五因子模型，研究了《巴黎协定》对中国股票市场的影响，并对其中的原因进行了深入分析，最后讨论了环境意识对《巴黎协定》与金融证券价格关系的调节作用。

在考察《巴黎协定》对证券市场的影响时，首先使用事件研究法考察了《巴黎协定》诞生、签署《巴黎协定》、全国人大常委会批准中国加入《巴黎协定》和《巴黎协定》正式生效这四个重大事件对中国 A 股市场绿色企业及重污染企业证券价格产生的影响，发现绿色组合在四个重大事件发生前后几日表现较好，使投资者短期可以获得一定的正异常收益，重污染组合在重大事件发生前后几日的表现不是很理想，投资者在短期内并不能获得正异常收益，甚至亏损严重。其次使用三因子模型和五因子模型计算绿色（重污染）组合和基准组合超额收益率的差值，用此差值来分析《巴黎协定》对证券价格产生的中长期影响，发现《巴黎协定》在中长期并未对绿色组合的超额收益率产生显著影响；重污染企业的证券价格也没有因《巴黎协定》一直低迷，《巴黎协定》诞生后到生效前，重污染组合与基准组合在超额收益率上并没有显著性差异。

中国是温室气体排放大国，节能减排不仅是中国对世界的承诺，更是对中国人民生存环境的保护。所以，政府对《巴黎协定》非常重视，相应的扶持政策和重大绿色项目批准等都是对绿色产业的重大利好消息，加上媒体的渲染，使得绿色企业股价短期表现良好。政府对《巴黎协定》的重视不仅会带来绿色产业的利好消息，也会出台限制重污染行业的政策，给重污染企业带来因减排而产生的额外成本，影响企业利润，从而影响股价。不过，媒体的非持续报道和机构投资者对《巴黎协定》的关注不足会影响《巴黎协定》对绿色企业证券价格的中长期影响。重视减排的企业会受环境政策的刺激，进而优化能源结构，向绿色可持续的增长模式转型；不重视减排的重污染企业虽然可能会面临环境处罚，但我国的环境信息披露政策在 A 股市场上是基本失效的，所以重污染公司股价并没有长期低迷。

环境意识很有可能影响着人们的环境行为。所以本书在探讨完《巴黎协定》对 A 股市场的影响及其原因之后，还讨论了公众环境意识对《巴黎协定》与金融证券价格关系的调节作用。发现当公众环境意识更强时，《巴黎协定》对绿色企业证券价格的短期正面影响及对重污染企业证券价格的短期负面影响更明显。

本书的研究结论对环保相关部门思考如何引导绿色投资和约束污染性

投资具有一定的政策意义。《巴黎协定》对绿色产业来说是政策利好的，媒体对《巴黎协定》报道量的提高不仅能够推广减排理念，而且能够提高公众对低碳投资领域的关注，显著提高绿色组合的收益率。然而我们发现，只有在《巴黎协定》重大事件发生前后，媒体才会对《巴黎协定》进行大幅报道，其他时候的报道量很小甚至没有。所以，可以加强对《巴黎协定》和绿色投资理念的媒体宣传与推广，提高投资者对《巴黎协定》的关注，以引导投资者自觉进行绿色投资，让绿色产业可以获得更稳定的资金支持。

公众环境意识更强时，《巴黎协定》对绿色企业证券价格的短期正面影响和对重污染证券价格的短期负面影响会更加明显。投资者在进行绿色股票投资时，应更多地关注注册经营地环境意识水平高的公司，降低投资风险；金融机构在开发绿色股票指数及相关产品时，也应该考虑公司注册经营地的环境意识水平，提高绿色金融产品的安全性，推动我国绿色金融市场发展，引导更多的社会资本进行绿色投资，从而推动绿色发展；环保相关机构在选择低碳试验区时，可以优先考虑环境意识水平较高的地区，因为在这些地区进行绿色消费和绿色投资理念宣传的效果会比较明显，环保治理工作也会更加顺利，让这部分地区的绿色产业先发展起来，然后再在全国范围内推广，逐步实现低碳经济转型。况且，我国的公众环境意识还不是很高，所以，可以加强对公众环境意识的培养，倡导低碳出行，绿色环保，提高公众的绿色投资理念，形成共建生态文明的良好氛围，既可以帮助绿色企业在金融市场上融资更加顺利，推动绿色企业的发展，也可以从道德层面上约束重污染企业，辅助国家治理重污染企业，促进能源结构转型，打好污染防治的攻坚战。

第6章 环境意识与碳价预测

6.1 问题的提出

碳金融是绿色金融不可或缺的组成部分，碳排放权交易能够有效地控制碳排放量。但碳排放权作为一种新型的交易品种，具有较大的不确定性。好的预测模型可以取得较高的预测精度，降低碳排放权交易风险。为了减少风险和不确定性，促进碳金融的发展，研究准确性较高的碳价预测模型十分有必要。

目前对碳金融的研究更多地集中在国际经验研究、交易市场的机制设计、碳定价和风险管理等方面。对碳价预测的文献较少，不过随着国内外碳交易市场的日趋成熟，也逐渐出现了一些碳价预测的文献。

21 世纪初，国际上开始研究碳价的预测问题，主要是对经典时间序列模型进行预测。比如，Chevallier（2010）等在预测 EUA 现货、EUA 期货和

CER 期货价格时，发现 AR（1）-GARCH（1，1）在预测 EUA 和 CER 价格波动时表现较好；Byun 和 Cho（2013）得出 GARCH 模型在预测碳期货价格的波动性时可以取得比隐含波动率和 K 近邻算法更好的预测效果。但是，使用单一模型预测碳价可能会出现把信息同质化的问题，影响预测精度，而多频率分解方法可以帮助解决这一问题。Li 和 Lu（2015）使用深圳、上海、北京、广东和天津 5 个试点的交易数据，把 EMD 算法和 GARCH 模型结合起来，对 5 个试点 2016 年以前的碳价进行了预测，再使用 CGE 模型分析价格区间，得出每吨二氧化碳当量价格在 30~50 元较为合理，为建设统一碳交易市场提供了价格参考。张晨和杨仙子（2016）通过构建多频组合模型，提高了预测中国区域性碳价的精度。有些学者也通过考虑非线性特征提高预测能力，比如，Zhu 和 Wei（2013）融合了最小二乘支持向量机（LSSVM）和 ARIMA 的优势，提出了兼顾非线性和线性的综合预测方法，使用新算法预测了欧盟气候交易所（ECX）的 DEC10 和 DEC12 两个碳期货合约的价格，取得了不错的表现。

然而，现有的碳价预测文献大多直接使用被解释变量自身信息设计预测模型，很少有人考虑环境意识在预测中所起的作用。利用环境意识研究中国碳价可以从一个全新的角度考察中国碳交易市场的发展情况。

人们获得信息的一个重要方式是使用搜索引擎（Antweiler 和 Frank，2004），通过搜索"减排""节能""清洁能源""低碳出行"和"京都议定书"等关键词，人们可以更深入地了解大气污染和气候变化产生的原因和现状，同时也起到了关注政府治理大气污染工作进程的作用，补充了环保知识，体现了人们对低碳关心的环保态度及倾向于参与环境保护的行为意愿。而且互联网搜索数据也被证实具有辅助预测的功能（Choi 和 Varian，2009；Askitas 和 Zimmermann，2009；Choi 和 Varian，2012；Schlegel，2014；

Bulut，2017；李晓炫等，2017）。虽然在预测碳价时，可以直接把 NEP 量表对应的关键词和教育程度构建出的环境意识综合指数作为解释变量。但考虑到 NEP 量表是一个综合性的量表，包含了"增长极限的现实""反人类中心主义""自然平衡的脆弱""拒绝人类例外主义"和"生态危机的可能性"五个方面的内容，全面反映了公众的环境意识。由 NEP 量表选出的关键词是从不同的方面描述环境意识的，并不是每个方面的环境意识都和碳价有关，在预测碳价时，并不需要使用所有关键词，关键词过多反倒会增加模型的复杂度，降低预测效果。所以，本章使用变量选择方法从构建环境意识综合指数的关键词的互联网搜索量及互联网媒体报道量中挑选出一部分变量来预测碳价。互联网搜索量和互联网媒体报道量都是互联网数据，影响碳价的因素还包括官方统计数据，所以，本章选取国际碳现货价格、碳期货价格、汇率、构建环境意识综合指数的互联网搜索量和互联网媒体报道量作为解释变量，预测中国碳排放权交易试点的碳价。

　　本章的解释变量既包含了官方统计数据，又包含了互联网数据，如何处理两者的关系是一个关键。刘涛雄和徐晓飞（2015）在预测宏观经济时，既用了官方数据，又用了互联网搜索数据，得出 PC 端百度搜索指数可以帮助提高预测宏观经济的精度，但是，却不能替代官方数据，且预测效果取决于预测模型，由此提出了"两步法"，此法先把官方统计数据加入预测模型，再把互联网数据加入模型，大大地提高了预测效果，但此文献限定只能加入 1 个搜索行为变量，并未交代增加更多互联网数据的处理方式及预测效果，且不能直接应用。而且，只使用了 PC 端百度搜索指数，具有局限性。更重要的是，文章没有讨论模型选择方法对预测效果产生的影响，忽略了影响预测效果的一个重要因素。本章在进行互联网指标选择时，不限定新加入变量的个数，并且详细讨论了不同的模型选择方法产生的不同预测效果，从而设计出能发挥两类数据优势的预测模型，提高预测碳价的准确性。

当解释变量很多时，Lasso 等变量选择方法可以选出影响碳价的少数几个关键变量，不仅可以提高预测效果，还可以提取出影响价格的重要因素，有效地解决"维数灾难"问题。不过，当解释变量过多时，变量之间会产生相互影响，形成一张复杂的关系网。Huang 等（2011）指出变量之间的网络结构对预测很重要，并用变量网络关系构造了新的惩罚函数，得到了稀疏拉普拉斯压缩（SLS）变量选择方法，提高了预测效果。方匡南等（2016）在 Logistic 模型中融入了变量网络结构，发现基于网络的 Logistic 模型在企业信用风险预警中具有优良的表现。

碳价是时间序列，在进行预测时需要考虑滞后项，时间序列数据的这种特殊性使得常规的基于网络的变量选择方法将不再适用。在变量选择的同时如何兼顾滞后项的网络结构是一个棘手的问题。

本章的贡献是：使用 Lasso 和复杂网络知识改进了传统预测模型，提出了"基于网络的预测模型"，合理利用滞后项的网络结构，提高碳价预测准确性，降低碳交易风险。

研究框架如下：第二部分介绍了 3 个预测模型，其中前两个是基准模型，用来对比分析，最后一个是使用复杂网络和 Lasso 改进的预测模型，我们称之为"基于网络的预测模型"，是本书提出的新模型；第三部分是模拟实验；第四部分是数据介绍；第五部分是使用预测模型进行碳价预测的实证分析结果和稳健性检验结果；第六部分为本章小结。

6.2　模型介绍

被预测的变量是碳价，记为 y_t，解释变量分为两类：一类是官方统计指标，记为 $z_{j,t}^1$，$j=1$，$\cdots$，N_1，包括国际碳现货价格、碳期货价格和汇率。另一类是互联网数据，记为 $z_{j,t}^2$，$j=1$，$\cdots$，N_2，包括构建环境意识综合指数的关键词的互联网搜索量和互联网媒体报道量。注意到解释变量较多，需要解决维数太高的问题，为了使得模型既具有较高的准确性，又具有较好的解释性，本章在设计模型的时候将使用 Lasso 进行变量选择。

6.2.1　基于官方数据的预测模型

本模型的解释变量包括被解释变量自身信息、国际碳现货价格、碳期货价格和汇率，只将被解释变量的自身信息和官方统计数据放入模型，主要是为了考察没有加入互联网数据时的预测能力。此处直接把被解释变量滞后项加入模型之后并借助 Lasso 从官方统计数据中挑选变量（Wang 等，2007）。

模型如下：

$$y_t = \alpha_0 + \sum_{p=1}^{P} \alpha_p y_{t-p} + z_1^* \varphi_1^* + \varepsilon_t \tag{6-1}$$

其中，y_t 是碳价，也是被预测变量，$(y_{t-1}$，$\cdots$，$y_{t-P})$ 代表被预测变量 y_t 的 P 阶滞后，$(\alpha_{t-1}$，$\cdots$，$\alpha_{t-P})$ 是对应的系数参数，z_1^* 是使用 Lasso 从官方统计指标中挑选出来的变量组合，φ_1^* 为对应的系数参数，ε_t 为扰动项。

z_1^* 的挑选步骤如下：

第一步，使用自回归模型得到残差 $\tilde{y}_t$，模型如下：

$$y_t = \alpha_0 + \sum_{p=1}^{P} \alpha_p y_{t-p} + \varepsilon_t$$

第二步，使用如下模型挑选具有预测能力的官方指标，得到变量组合 z_1^*：

$$\tilde{y}_t = \varphi_0 + \sum_{j=1}^{N_1} \sum_{p=1}^{P} \varphi_{jp}^1 z_{j,t-p}^1 + \varepsilon_t$$

其中，$\tilde{y}_t$ 为自回归得到的残差，$z^1 = (z_{1,t-1}^1, \cdots, z_{1,t-P}^1, \cdots, z_{N_1,t-1}^1, \cdots, z_{N_1,t-P}^1)$ 为官方统计指标。使用 Lasso 从 z^1 中挑选变量，得到被挑选出的变量组合 z_1^*，并记残差为 Y_t。

6.2.2 基于所有数据的预测模型

本模型的解释变量包括被解释变量自身信息、国际碳现货价格、碳期货价格、汇率及构建环境意识综合指数的关键词的互联网搜索量和互联网媒体报道量。变量不仅较多，而且种类各异，此处把被解释变量滞后项加入模型之后，采用变量选择方法分两步挑选变量，区别对待官方统计数据和构建环境意识综合指数的关键词的互联网数据，先将官方统计指标选入模型，再加入互联网数据，降低模型复杂度，考察互联网数据是否能够帮助提高预测碳价的精度。

基于所有数据的预测模型如下：

$$y_t = \alpha_0 + \sum_{p=1}^{P} \alpha_p y_{t-p} + z_1^* \varphi_1^* + z_2^* \varphi_2^* + \varepsilon_t \tag{6-2}$$

其中，z_1^* 同上，z_2^* 是在挑选完官方统计指标之后，使用 Lasso 从互联网数据中挑选出来的变量组合。

使用如下模型挑选具有预测能力的互联网数据 z_2^*：

$$Y_t = \varphi_0 + \sum_{l=1}^{N_2} \sum_{p=1}^{P} \varphi_{lp}^2 z_{l,t-p}^2 + \varepsilon_t$$

其中，Y_t 为"基于官方数据的预测模型"第二步得到的残差，$z^2 = (z_{1,t-1}^2, \cdots, z_{1,t-P}^2, \cdots, z_{N_2,t-1}^2, \cdots, z_{N_2,t-P}^2)$ 为构建环境意识综合指数的关键词的互联网数据。使用 Lasso 从 z^2 中挑选变量，得到被挑选出的变量组合 z_2^*。

6.2.3 基于网络的预测模型

本模型的解释变量同样包括被解释变量自身信息、国际碳现货价格、碳期货价格、汇率及构建环境意识综合指数的关键词的互联网搜索量和互联网媒体报道量。这个解释变量不仅非常多且差异大，而且构建环境意识综合指数的关键词的互联网搜索量和互联网媒体报道量是同一个主题的互联网数据，变量之间会相互影响，我们需要考虑变量之间的网络关系，所以我们提出了"基于网络的预测模型"，在预测的时候兼顾变量之间的网络结构。

基于网络的预测模型如下：

$$y_t = \alpha_0 + \sum_{p=1}^{P} \alpha_p y_{t-p} + z_1^* \varphi_1^* + x^* \beta^* + \varepsilon_t \tag{6-3}$$

其中，z_1^* 同上，x^* 是在挑选完官方统计指标之后，使用改进过的基于网络的变量选择方法从互联网数据 $z^2 = (z_{1,t-1}^2, \cdots, z_{1,t-P}^2, \cdots, z_{N_2,t-1}^2, \cdots, z_{N_2,t-P}^2)$ 中挑选出来的变量组合。本模型区别于"基于所有数据的预测模型"的关键在于 x^*，此模型在从互联网数据中挑选变量时，不再平等地对待每一个变量，而是把同期变量之间的相互影响关系看成了一张变量网络，在变量选择的同时兼顾了变量之间的网络关系。

令 $x = z^2$，且 $x = (x_1, x_2, \cdots, x_N)$，其中，$N = N_2 \times P$，通过最小化下面的式子来生成 x^*：

$$\sum_{t=1}^{T} (Y_t - \beta_0 - \sum_{j=1}^{N} \beta_j x_{jt})^2 + \lambda \sum_{j=1}^{N} \omega_j \mid \beta_j \mid \tag{6-4}$$

这里的权重向量 $\omega = (\omega_1, \omega_2, \cdots, \omega_N)'$ 不能直接使用第 3 章中介绍到的基于网络的加权 Lasso 模型中计算权重的方法计算，因为这里的自变量有滞后项，不同时期的解释变量是无法相互影响的，本章采取对相同阶数的滞后项构建变量网络的方法解决这个问题。

接下来给出同期变量网络的构建和权重向量的计算过程。这里要处理的变量为构建环境意识综合指数的关键词的互联网搜索量和互联网媒体报道量。令所有互联网变量的 p 阶滞后为 $x_t^p = (z_{1,t-p}^2, \cdots, z_{N_2,t-p}^2)$，其中，$p = 1, 2, \cdots, P$，把 x_t^p 中的 N_2 个元素作为网络的 N_2 个节点，构建 p 阶滞后网络，变量网络构建的基本步骤如下：

（1）用 ρ_{ij} 表示节点 $x_{i,t}^p$ 与节点 $x_{i,t}^p$ 的相关系数，计算出两者的相似性：$S(i, j) = \mid \rho_{ij} \mid$，把相似矩阵记为 S，显然，$S(i, j) \in [0, 1]$。

（2）引入参数 b，对相似矩阵 S 进行如下变化：$a_{ij} = S^b(i, j)$，可以得到变量网络的邻接矩阵 a。对节点 $x_{j,t}^p$（$j = 1, \cdots, N_2$），其影响强度的计算公式为：$k_j = \sum_{u \neq j} a_{j,u}$，$u = 1, 2, \cdots, N_2$，把影响强度 $k = (k_j, \cdots, k_{N_2})$ 的分布记为 $p(k)$。如果 $p(k)$ 服从幂律，即：$p(k) \sim k^{-\gamma}$，则变量网络具有无标度拓扑特征，其中 γ 是指数。选择合适的参数 b，使得在此参数下构造出来的变量网络的无标度拓扑特征尽量明显，计算此时每个节点的影响强度，得到影响强度向量 $k^p = (k_1^p, k_2^p, \cdots, k_{N_2}^p)$。

（3）同样的过程构建出 P 个同期变量网络，就可以得到所有变量的影响强度：

$(k_1^1, k_1^2, \cdots, k_1^P, k_2^1, k_2^2, \cdots, k_2^P, \cdots, k_{N_2}^1, k_{N_2}^2, \cdots, k_{N_2}^P)$。

用影响强度向量构造出权重向量：

$$\hat{\omega} = \left(\frac{1}{k_1^1}, \ 2 \times \frac{1}{k_1^2}, \ \cdots, \ P \times \frac{1}{k_1^P}, \ \frac{1}{k_2^1}, \ 2 \times \frac{1}{k_2^2}, \ \cdots, \ P \times \frac{1}{k_2^P}, \ \cdots, \ \frac{1}{k_{N_2}^1}, \ 2 \times \right.$$

$$\left. \frac{1}{k_{N_2}^2}, \ \cdots, \ P \times \frac{1}{k_{N_2}^P} \right) \tag{6-5}$$

再用权重向量 $\hat{\omega}$ 替换式（6-4）中惩罚项的权重向量 ω，就可以考虑变量动态网络结构的加权 Lasso 从互联网数据 x 中挑选变量了。

基于网络的加权 Lasso 需要借助 LARS 算法实现，实现方法如下：

（1）计算网络结构权重向量 $\hat{\omega}$。

（2）定义：$\tilde{x}_j = \dfrac{x_j}{\hat{\omega}_j}$, $j = 1, 2, \cdots, N$。

（3）用 LARS 算法求解以下 Lasso 模型：

$$\hat{\beta} = arg_\beta \min \left\{ \left\| Y - \beta_0 - \sum_{j=1}^N \tilde{x}_j \beta_j \right\|^2 + \lambda \sum_{j=1}^N |\beta_j| \right\}$$

（4）β^* 的最终估计结果为：

$$\hat{\beta}_j^* = \frac{\hat{\beta}_j}{\hat{\omega}_j}, \ j = 1, 2, \cdots, N$$

6.3　模拟实验

"基于所有数据的预测模型"和"基于网络的预测模型"使用的数据是一样的，都是同时使用官方统计数据和互联网搜索量数据，两个模型的不同之处在于"基于网络的预测模型"考虑了互联网搜索量的网络结构。为了考察变量网络结构是否可以帮助提高预测能力，本部分将使用蒙特卡洛模拟对比"基于所有数据的预测模型"和"基于网络的预测模型"的表现，模拟实验使用的模型为：

$$Y_t = \beta_0 + \sum_{l=1}^{N_2} \sum_{p=1}^{P} \varphi_{lp}^2 z_{l,t-p}^2 + \varepsilon_t \tag{6-6}$$

针对不同的滞后阶数 P，设计了两组不同的系数。

（1）当 $P=1$ 时，即因变量只受一阶滞后影响，自变量个数 $N_2 \in \{50, 100, 200\}$。对于 $N_2 = 50$ 的模型，设置第 10 个、20 个、30 个、40 个和 50 个自变量的系数为 1，其余的为 0，一共有 5 个显著变量；对于 $N_2 = 100$ 和 $N_2 = 200$ 的模型，设置第 10 个、20 个、30 个、40 个、50 个、60 个、70 个、80 个、90 个和 100 个自变量的系数为 1，其余的为 0，两个模型的显著变量都为 10 个。自变量服从正态分布，把每 5 个自变量作为一组，组与组之间独立，组内 $z_{i,t-1}^2$ 和 $z_{j,t-1}^2$ 两个自变量之间的相关系数为 $0.7^{|i-j|}$。

（2）当 $P=2$ 时，即因变量受一阶滞后和二阶滞后影响，$N_2 \in \{50, 100, 200\}$。对于 $N_2 = 50$ 的模型，设置第 10 个、20 个、30 个、40 个和 50 个一阶滞后和同样位置的二阶滞后的系数为 1，其余的为 0，一共有 10 个显著变量；对于 $N_2 = 100$ 和 $N_2 = 200$ 的模型，设置第 10 个、20 个、30 个、40 个、50 个、60 个、70 个、80 个、90 个和 100 个一阶滞后和同样位置的二阶滞后的系数为 1，其余的为 0，两个模型的显著变量都为 20 个。自变量服从正态分布，把每 5 个一阶滞后作为一组，组与组之间独立，组内 $z_{i,t-1}^2$ 和 $z_{j,t-1}^2$ 之间的相关系数为 $0.7^{|i-j|}$。

样本容量为 100，并进行 100 次模拟实验，100 次模拟实验的结果如表 6-1 所示。

环境意识与绿色金融：基于环境意识对资产价格影响与碳价预测的研究

表 6-1 100 次模拟实验结果

模型	N_2	P = 1		P = 2	
		T_1	T_2	T_1	T_2
基于所有数据的预测模型	50	1.00	0.84	0.61	0.78
	100	1.00	0.86	0.60	0.81
	200	1.00	0.90	0.30	0.86
基于网络的预测模型	50	0.99	0.88	0.61	0.83
	100	0.99	0.90	0.60	0.85
	200	0.99	0.93	0.33	0.89

在表6-1中，T_1 表示正确选上非零系数变量的个数与非零系数变量总数之比，T_2 表示正确剔除系数为零变量的个数与零系数变量总数之比，T_1 和 T_2 越大越好。

从表中可以看出，当 $P=1$ 时，两个模型选上显著变量的能力相差不大，但"基于网络的预测模型"在剔除非显著性变量方面表现更优；当 $P=2$ 时，变量个数不是特别多时，两个模型正确选择显著变量的效果是一样的，当 $N_2=200$ 时，"基于网络的预测模型"明显优于"基于所有数据的预测模型"，并且新模型剔除非显著变量的能力在不同的 P 和 N_2 下都是表现最好的。所以，"基于网络的预测模型"优于"基于所有数据的预测模型"。

为了考察构建环境意识综合指数的互联网数据是否可以帮助预测碳价，并且进一步检验"基于网络的预测模型"的预测效果，接下来对中国碳排放权交易试点的碳价进行实证分析。

6.4　数据介绍

6.4.1　数据来源

表 6-2 为深圳、上海、北京、广东、湖北、天津、重庆 7 个碳交易试点从启动至 2018 年 3 月 20 日的每日碳价的描述性统计，这是被预测变量。

表 6-2　7 个碳交易试点成交均价的描述性统计

变量	试点	样本容量	均值	标准差	最小值	最大值
ySZA	深圳	1045	42.82	18.42	16.00	122.97
ySHEA	上海	650	28.01	10.75	4.21	44.91
yBEA	北京	662	50.70	6.19	32.40	77.00
yGDEA	广东	757	20.85	15.61	16.93	77.00
yTJEA	天津	459	25.33	6.02	7.00	50.11
yHBEA	湖北	932	19.85	4.50	9.38	28.01
yCQEA	重庆	253	8.51	8.79	1.00	39.60

从表 6-2 中可以看出，不同试点的碳价差异较大，北京的价格均值达到了 50.70 元，而重庆只有 8.51 元。7 个试点中，深圳试点启动最早，样本容量也是最大的，研究区间内拥有 1045 组数据，而重庆试点启动最晚，样本容量只有 253。

表 6-3 为影响碳价的官方统计指标及其从 2013 年 6 月 18 日至 2018 年 3 月 20 日日频数据的样本统计特征，这是官方统计数据。

表 6-3　官方统计指标及其样本统计特征

变量	含义	样本容量	均值	标准差	最小值	最大值
Ecarbix	欧洲碳指数	1210	6.15	1.41	3.94	11.32
EUAF	EUA 期货	1227	6.18	1.42	3.93	11.52
CERF	CER 期货	1227	0.31	0.17	0.01	0.72
EREU	欧元兑人民币中间价	1162	7.61	0.53	6.49	8.58
ERD	美元兑人民币中间价	1162	6.40	0.28	6.09	6.95

表 6-3 中列出了 5 个官方统计指标，其中，欧洲碳指数（*Ecarbix*）是一个现货指数，样本数据为欧洲能源交易所（*EEX*[①]）提供的 *Ecarbix* 每日结算价。欧盟碳排放配额连续期货合约（*EUAF*）和核证减排量连续期货合约（*CERF*）的样本数据为 Wind 数据库提供的日结算价。欧元兑人民币中间价（*EREU*）和美元兑人民币中间价（*ERD*）取自中国人民银行。

表 6-4 为构建环境意识综合指数的 73 个关键词的百度整体搜索指数和媒体指数从 2013 年 6 月 18 日至 2018 年 3 月 20 日的日频数据，这是互联网数据。

表 6-4　互联网数据

变量	含义	关键词
BS_1，…，BS_{73}	百度搜索指数	"减排""节能""清洁能源""低碳出行"和"京都议定书"等
BM_1，…，BM_{73}	百度媒体指数	同上

6.4.2　数据预处理

虽然深圳试点碳价、官方统计数据和互联网数据的起止时间相同，但

---

①　*EEX* 网址为：http：//www.eex.com。

因为国内外公共节假日不一致，且国内外交易时间也存在不同之处，所以，三类数据的样本容量并不相等。因此，在对三类数据进行平稳性变换之后①，我们选取公共样本时间段作为本章的研究区间。

以时间为序，把数据集分割成训练集和预测集两部分，预测集为后 10 组数据。本章所有结果均由 R 软件呈现。

6.5　实证结果

6.5.1　实证结果分析

使用模型介绍中列出的 3 个模型对 7 个试点的碳价进行预测，设置碳价滞后 1 阶，其余变量滞后 3 阶。表 6-5 为所有模型的详细实证结果。

表 6-5　实证结果

模型	试点	模型变量	预测集 MSE	MSE 均值
基于官方数据的预测模型	深圳	$ySZA1$、$CERF1$、$CERF3$	0.0139	0.0074
	上海	$ySHEA1$	0.0024	
	北京	$yBEA1$	0.0032	
	广东	$yGDEA1$、$CERF3$	0.0019	
	天津	$yTJEA1$	0.0110	
	湖北	$yHBEA1$、$EUAF1$、$CERF2$、$CERF3$	0.0003	
	重庆	$yCQEA1$	0.0194	

---

① 平稳性变换公式为：$\ln(x_t/x_{t-1})$。

续表

模型	试点	模型变量	预测集 MSE	MSE 均值
基于所有数据的预测模型	深圳	$ySZA1$、$CERF1$、$CERF3$、$BS3$（人口）、$BS2$（中国人口）、$BS3$（中国人口）、$BS3$（可持续发展）、$BS2$（臭氧层空洞）、$BS2$（破坏环境）、$BS2$（濒危动物）、$BS1$（珍稀植物）、$BS2$（环保）、$BS3$（环保）、$BS3$（自然法则）、$BS1$（生物链）、$BS2$（生物链）、$BS3$（减排）、$BS3$（节能）、$BS3$（绿色能源）、$BM2$（可持续发展）、$BM1$（环保）、$BM2$（环保）	0.0170	0.0080
	上海	$ySHEA1$、$BS2$（中国人口）、$BS3$（计划生育）、$BS3$（赤潮）、$BS1$（珍稀植物）、$BS1$（生态平衡）、$BS3$（生态平衡）、$BM3$（环境保护）	0.0027	
	北京	$yBEA1$	0.0032	
	广东	$yGDEA1$、$CERF3$、$BS3$（人口增长率）、$BS3$（破坏环境）、$BS1$（白色污染）、$BS1$（工业污染）、$BS3$（低碳经济）、$BS2$（绿色能源）、$BM3$（环保）、$BM2$（环境保护）	0.0021	
	天津	$yTJEA1$	0.0110	
	湖北	$yHBEA1$、$EUAF1$、$CERF2$、$CERF3$	0.0003	
	重庆	$yCQEA1$	0.0194	
基于网络的预测模型	深圳	$ySZA1$、$CERF1$、$CERF3$、$BS3$（可持续发展）、$BS3$（环境污染）、$BS3$（环保）、$BM2$（环保）	0.0138	0.0069
	上海	$ySHEA1$、$BS2$（中国人口）、$BS1$（珍稀植物）、$BS1$（生态平衡）、$BM1$（可持续发展）	0.0024	
	北京	$yBEA1$	0.0032	
	广东	$yGDEA1$、$CERF3$、$BS1$（工业污染）、$BM2$（环境保护）	0.0018	
	天津	$yTJEA1$	0.0110	
	湖北	$yHBEA1$、$EUAF1$、$CERF2$、$CERF3$	0.0003	
	重庆	$yCQEA1$、$BS1$（臭氧层空洞）、$BM2$（环境保护）	0.0159	

注：变量尾数 1，2，…分别表示滞后 1 期，滞后 2 期，…，比如，$ySHEA1$ 表示上海试点滞后 1 期的碳价，$CERF1$ 表示 CER 期货滞后 1 期的结算价。百度指数括号是关键词，比如，$BS1$（工业污染）是"工业污染"这个关键词滞后 1 期的百度搜索指数，$BM1$（可持续发展）是"可持续发展"滞后 1 期的百度媒体指数。

表 6-5 中的第一列是 3 个模型，"基于官方数据的预测模型"的解释变量为自身滞后项和官方统计数据，"基于所有数据的预测模型"和"基于网络的预测模型"同时使用了官方统计数据和构建环境意识综合指数的关键词的互联网搜索量及互联网媒体报道量。"基于网络的预测模型"是对"基于所有数据的预测模型"改进后得到的新模型，可以在回归时兼顾变量网络结构，达到提高预测能力的作用。"基于所有数据的预测模型"和"基于网络的预测模型"主要是为了考察构建环境意识综合指数的关键词的互联网数据是否能够帮助预测碳价。第二列为碳排放权交易试点。第三列是使用不同模型对每个试点碳价进行预测时模型所选择的变量。第四列是预测集的均方误差（*MSE*）。第五列是所有试点预测集 *MSE* 的平均值。

　　从表 6-5 可以观察到：

　　（1）构建环境意识综合指数的关键词的互联网数据可以帮助提高碳价预测能力。

　　"基于网络的预测模型"使用了环境意识数据预测碳价，而"基于官方数据的预测模型"并没有使用环境意识数据预测碳价。从总体上看，"基于网络的预测模型"的预测集 *MSE* 均值低于"基于官方数据的预测模型"，说明构建环境意识综合指数的关键词的互联网搜索量与互联网媒体报道量起到了改善预测效果的作用。

　　从细节上来看，"基于网络的预测模型"的预测集 *MSE* 均值低于"基于官方数据的预测模型"的关键在于深圳、广东和重庆这三个试点。对于深圳试点，"基于网络的预测模型"在"基于官方数据的预测模型"的基础上，加入了可持续发展搜索量三阶滞后、环境污染搜索量三阶滞后、环保搜索量三阶滞后和环保媒体报道量二阶滞后，使得深圳试点的 *MSE* 小于使用"基于官方数据的预测模型"计算出来的 *MSE*；对于广东试点，"基于网络的预测模型"在"基于官方数据的预测模型"的基础上，加入了工业污染搜索量一阶滞后和环境保护媒体报道量二阶滞后，使得广东试点的 *MSE* 小于使用"基于官方数据的预测模型"计算出来的 *MSE*；对于重庆试点，"基于网络的预测模型"在"基于官方数据的预测模型"的基础上，加入了臭氧层空洞搜索量一阶滞后和环境保护媒体报道量二阶滞后，使得重庆试点的 *MSE* 小于使用"基于官方数据的预测模型"计算出来的 *MSE*。事实上，在预测上海试点碳价时也加入了互联网数据，虽然没有提高预测效果，但也没有降低预测准确性。

从文本含义上来看，"基于网络的预测模型"选入的环境意识关键词有：可持续发展、环境污染、环保、工业污染、环境保护和臭氧层空洞，这些关键词均与碳排放有着密切的关系，所以把这些关键词选入模型是合理的。

所以，构建环境意识综合指数的关键词的互联网数据提高了模型预测碳价的能力。

（2）只有选择了合适的预测模型，构建环境意识综合指数的关键词的互联网数据的价值才能被体现出来。

"基于所有数据的预测模型"也使用了环境意识数据，但从总体上看，"基于所有数据的预测模型"却不如"基于官方数据的预测模型"。

从细节上来看，"基于所有数据的预测模型"的表现非常不好，在 7 个试点中，此模型在预测 3 个试点的碳价时加入了互联网数据，不过因为加入了很多不相干的变量，增加了模型的复杂度，不但没有取得比"基于官方数据的预测模型"更好的预测效果，反而还更差了。

所以，在使用构建环境意识的关键词的互联网数据预测碳价时，选择合适的预测模型，极大限度地挖掘了互联网数据的价值，才是取得较好预测效果的关键。

（3）"基于网络的预测模型"是使用环境意识数据帮助预测碳价的合适模型。

"基于网络的预测模型"和"基于所有数据的预测模型"都使用了环境意识数据帮助预测碳价，且都是先用被解释变量自身信息和官方统计数据拟合被解释变量，在此基础上加入构建环境意识综合指数的关键词的互联网数据，但两个模型的预测效果却大相径庭。从总体上看，"基于网络的预测模型"取得了非常满意的预测效果，明显优于"基于所有数据的预测模型"。

从细节上来看，"基于所有数据的预测模型"没有考虑变量之间的网络关系，使得模型的表现并不满意。"基于网络的预测模型"在考虑了网络结构之后，取得了较好的预测效果。同样是预测深圳、上海和广东碳价，不同于"基于所有数据的预测模型"选入过多不相干的变量，"基于网络的预测模型"选择了与被解释变量关系更紧密的关键词互联网搜索量及互联网媒体报道量，使得模型更加简练，提高了预测效果，*MSE*是所有模型中最低的。对于重庆试点，"基于网络的预测模型"还找出了"基于所有数据的预测模型"遗漏的重要互联网数据，这大大提高了预测效果。

所以，"基于网络的预测模型"是使用构建环境意识综合指数的关键词的互联网数据帮助预测碳价的合适模型。

6.5.2　稳健性检验

为了对"基于网络的预测模型"的稳健性进行检验，接下来将使用滚动窗口对碳价进行预测。以时间为序，把样本分割成两部分，后25组样本数据组成滚动预测集，对于每一个滚动窗口，仍旧按照预处理过程中的方法在滚动窗口内生成训练集和预测集，最后，每个碳交易试点得到 15 个滚动窗口。计算出每个滚动窗口的预测集 MSE 均值，得到 15 个滚动窗口的预测集 MSE，如表 6-6 所示。

表 6-6　滚动窗口实证结果

模型	预测集 MSE 均值	预测集 MSE 标准差	预测集 MSE 最小值	预测集 MSE 最大值
基于官方数据的预测模型	0.0239	0.0106	0.0074	0.0393
基于所有数据的预测模型	0.0241	0.0106	0.0080	0.0400
基于网络的预测模型	0.0234	0.0105	0.0069	0.0388

若用 MSE_1 表示使用"基于官方数据的预测模型"得到的预测集 MSE，MSE_2 表示使用"基于所有数据的预测模型"得到的预测集 MSE，MSE_3 表示使用"基于网络的预测模型"得到的预测集 MSE，对每个滚动窗口计算如下比率：

$$ratio_1 = \frac{MSE_3}{MSE_1}$$

$$ratio_2 = \frac{MSE_2}{MSE_1}$$

$$ratio_3 = \frac{MSE_3}{MSE_2}$$

其中，$ratio_1$ 表示使用"基于网络的预测模型"进行预测得到的 MSE 与使用"基于官方数据的预测模型"进行预测得到的 MSE 之比。$ratio_2$ 表示使用"基于所有数据的预测模型"进行预测得到的 MSE 与使用"基于官方数据的预测模型"进行预测得到的 MSE 之比。$ratio_3$ 表示使用"基于网络的预测模型"进行预测得到的 MSE 与使用"基于所有数据的预测模型"进行预

测得到的 MSE 之比。当 $ratio_1$ 小于 1 时，表示"基于网络的预测模型"优于"基于官方数据的预测模型"；当 $ratio_1$ 大于 1 时，表示"基于网络的预测模型"劣于"基于官方数据的预测模型"，若 $ratio_1$ 等于 1 时，则表示两者无差别。$ratio_2$ 与 $ratio_3$ 同理。图 6-1 绘出了所有滚动窗口 $ratio_1$、$ratio_2$ 和 $ratio_3$ 的直方图。

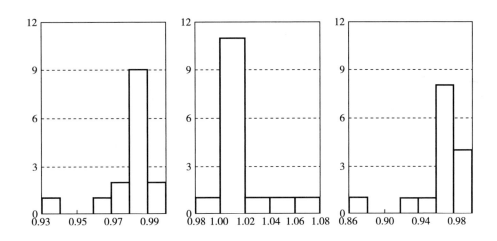

图 6-1　滚动窗口$ratio_1$、$ratio_2$ 和$ratio_3$ 的直方图

接下来，利用表 6-6 和图 6-1 对这些预测模型进行对比分析。

对于"基于网络的预测模型"与"基于官方数据的预测模型"，表 6-6 中"基于网络的预测模型"的滚动预测集 MSE 均值、标准差、最小值和最大值都比"基于官方数据的预测模型"的小，说明"基于网络的预测模型"滚动回归的预测效果更好；图 6-1 的左边是 $ratio_1$ 的直方图，从图中可以看出，所有的 $ratio_1$ 都小于 1，说明在每一个滚动窗口，"基于网络的预测模型"的预测效果都比"基于官方数据的预测模型"更好。由此得出，环境意识数据能够提高预测碳价的准确性。

对于"基于所有数据的预测模型"和"基于官方数据的预测模型"，表 6-6 显示"基于所有数据的预测模型"的预测效果更差；图 6-1 的中间是 $ratio_2$ 的直方图，从图中可以看出，大部分 $ratio_2$ 都大于 1，说明在大部分滚动窗口中，"基于所有数据的预测模型"都没能取得比"基于官方数据的预测模型"更好的预测效果。

对于"基于网络的预测模型"与"基于所有数据的预测模型"，表 6-6 显示"基于网络的预测模型"远远优于"基于所有数据的预测模型"；图 6-1 的右边是 $ratio_3$ 的直方图，从图中可以看出，"基于网络的预测模型"在每一个滚动窗口都优于"基于所有数据的预测模型"。

经过稳健性检验后可知，构建环境意识的关键词的互联网搜索量和互联网媒体报道量的确可以提高预测碳价的准确性，但前提是使用了合适的模型；考虑变量之间的网络结构的"基于网络的预测模型"在所有滚动窗口中都优于其他两个模型，是使用环境意识数据预测碳价的最优模型。与前文得到的结论一致。

6.6 本章小结

构建环境意识综合指数的关键词很多，但并不是每一个关键词的互联网数据都对碳价的预测有用，如何有效地利用好这些数据预测碳价是本章研究的主要内容。在使用互联网数据帮助预测时，会碰到解释变量非常多的问题，而变量的网络结构又会影响预测的精准性，所以本章提出了"基于网络的预测模型"，在参数估计的时候兼顾变量之间的网络结构，显著地提高了预测准确性，为基于互联网数据的预测研究提供了新的模型，并将"基于网络的预测模型"用来预测碳价，进而提高碳价预测效果。

本章的主要工作和结论如下：

第一，为了明确构建环境意识综合指数的互联网搜索量和互联网媒体报道量是否能够帮助提高预测效果，本章同时使用不含构建环境意识综合指数的关键词的互联网数据的预测模型和加入了构建环境意识综合指数的关键词的互联网数据的预测模型对碳价进行预测，得出构建环境意识综合指数的关键词的互联网搜索量和互联网媒体报道量能够帮助提高碳价预测效果的结论。

第二，为了明确预测模型是否会影响基于环境意识的预测准确性，本章在使用相同的解释变量预测碳价时，使用了不同的预测模型，发现没有考虑解释变量之间网络关系的"基于所有数据的预测模型"表现最差，甚至不如没有考虑互联网数据的"基于官方数据的预测模型"，得出只有使用合适的预测模型才能充分发挥环境意识数据价值的结论。

第三，为了考察本章提出的"基于网络的预测模型"的优越性，对"基于官方数据的预测模型""基于所有数据的预测模型"和"基于网络的预测模型"进行对比分析。实证分析后发现，"基于网络的预测模型"可以挑选更有效的互联网变量，剔除不相干的变量，降低模型复杂度，提高模型的预测能力。模拟实验也显示，"基于网络的预测模型"最优。使用滚动窗口检验新模型的稳健性时同样发现，"基于网络的预测模型"是使用环境意识数据预测碳价的最优模型，为使用环境意识数据进行预测提供了一种有效且稳定的新方法。

第7章　研究总结与展望

7.1　研究总结

　　绿色金融正冉冉升起，为生态文明建设提供了重要的金融支撑，环境意识在绿色金融发展进程中所起的作用是一个尚未完全开发的领域。生态文明建设之所以滞后于经济社会发展，除了立法滞后等原因外，更重要的是人们缺乏生态文明的责任意识和建设意愿（胡珺等，2017）。建立健全绿色金融体系不仅需要依靠政府支持，还需要在政府支持之外再探索一些与公众参与有关的因素，以补充绿色金融体系建设的政府建设之不足，引导和激励公众自觉进行绿色投资，抑制污染性投资，助推低碳绿色可持续发展。

　　首先，本书借助互联网数据和基于网络的变量选择与降维方法，研究出构建环境意识综合指数的合适方法，用来反映中国国民环境意识水平，得到了充足的环境意识数据。其次，研究了《巴黎协定》对中国金融证券市场的影响并对其原因进行了深入分析，探索了环境意识水平对《巴黎协定》与金融证券价格关系的调节作用，有利于更好地指导金融实践工作。最后，研究了如何利用构建环境意识综合指数的关键词的互联网数据的特点，改进基于网络的变量选择方法，设计合适的碳价预测模型，提高预测碳价的准确性。这不仅为环境意识研究提供新的方法，而且为使用环境意识分析绿色金融资产价格提供新理论研究框架及预测方法。

本书的研究成果概括如下：

（1）考虑到现有的环境意识测量方法存在执行成本大和发布频率低等缺陷，本书创新性地研究了如何借助环境意识调查问卷量表对应关键词的互联网搜索量和基于网络的降维方法来构建方便快捷低成本的环境意识综合指数，以此反映中国国民的环境意识水平，并讨论了其影响因素。这提供了方便快捷低成本的环境意识指数构建方法，提供了连续的环境意识数据，解决了环境意识数据匮乏的困局，扩展了互联网数据的应用范围，将基于网络的降维方法引入环境社会学领域，为环境意识研究提供了新的理论基础和实证基础。本书对环境意识的影响因素进行分析之后发现，GDP是影响环境意识的显著性因素。

（2）考虑到《巴黎协定》是应对气候变化的新协议，对绿色金融工作起着指引作用，而目前却几乎没有人讨论过其对中国金融证券价格的影响及环境意识对《巴黎协定》与金融证券价格关系的调节作用，所以本书填补了这一空白，研究了《巴黎协定》对中国金融证券市场价格的影响，并对其中的原因进行了深入分析，还讨论了环境意识对《巴黎协定》与金融证券价格关系的调节作用。

本书的研究结论对环保相关部门思考如何引导绿色投资和约束污染性

投资具有一定的政策意义，为其更好地指导绿色金融实践工作提供了理论和实证基础。本书发现《巴黎协定》短期内能对绿色企业证券价格产生一定的正面影响，给投资者带来正异常收益，但在中长期并无影响；《巴黎协定》短期内也会对重污染企业证券价格产生一定的负面影响，并不能给投资者带来正异常收益，甚至亏损严重，但重污染企业证券价格并没有因《巴黎协定》而长期低迷。《巴黎协定》媒体报道量的增加可以显著提高绿色股资产投资组合的收益率。当公司注册经营地的公众环境意识更强烈时，《巴黎协定》对金融证券价格的短期影响更明显。《巴黎协定》对绿色产业来说是政策利好的，媒体对《巴黎协定》报道量的提高不仅能够推广减排理念，而且能够提高公众对低碳投资领域的关注，也能显著提高绿色组合的收益率。然而，我们发现只有在《巴黎协定》重大事件发生前后，媒体才会对《巴黎协定》进行大幅报道，其他时候的报道量很小甚至没有。所以，可以加强对《巴黎协定》和绿色投资理念的媒体宣传与推广，提高投资者对《巴黎协定》的关注，以此引导投资者自觉进行绿色投资，让绿色产业可以获得更稳定的资金支持。

公众环境意识更强时，《巴黎协定》对绿色企业证券价格的正面影响和对重污染证券价格的负面影响会更加明显。投资者在进行绿色股票投资时，应更多地关注注册经营地环境意识水平高的公司，降低投资风险；金融机构在开发绿色股票指数及相关产品时，也应该考虑公司注册经营地的环境意识水平，提高绿色金融产品的安全性，推动我国绿色金融市场发展，引导更多的社会资本进行绿色投资，从而推动绿色发展；环保相关机构在选择低碳试验区时，可以优先考虑环境意识水平较高的地区，因为在这些地区进行绿色消费和绿色投资理念宣传的效果会比较明显，环保治理工作也会更加顺利，让这部分地区的绿色产业先发展起来，然后在全国范围内推广,并逐步实现低碳经济转型。况且,我国的公众环境意识还不是很高,所以,可以加强对公众环境意识的培养,倡导低碳出行,绿色环保,提高公众的绿色投资理念,形成共建生态文明的良好氛围,既可以帮助绿色企业在金融市场上融资更加顺利,推动绿色企业的发展,也可以从道德层面上约束重污染企业,辅助国家治理重污染企业,促进能源结构转型,打好污染防治的攻坚战。

(3)为了促进碳金融的发展,本书提出了"基于网络的碳价预测模型"以及提供了新的碳价预测模型。基于网络的预测模型在使用构建环境意识综合指数的关键词的互联网数据预测碳价时,考虑了互联网数据的网络结构特性和时间序列的特殊性,在参数估计和模型选择的同时兼顾变量之间的网络关系,显著地提高了预测精准度,并为碳价预测提供了高效可行的模型。

7.2 研究展望

绿色金融体系是一个庞大的体系,本书在研究环境意识与绿色金融的关系时,只关注了绿色金融体系中的绿色证券和碳金融这两个工具,并未对所有绿色金融工具及整个绿色金融体系进行研究,仅仅起到一个抛砖引玉的作用。本书的研究理念可以在如下几个方面进行扩展:

(1)国内的环境意识调查数据太少,在一定程度上限制了环境意识综合指数有效性的检验,本书只能使用有限的数据尽可能全面地论证基于互联网数据的环境意识综合指数的有效性,国外对环境意识的研究更多,可将本书构建环保综合指数的方法应用到国外，补充相关研究，形成一套更为坚固的环境意识度量体系。

（2）《巴黎协定》对中国金融市场的影响研究及环境意识对《巴黎协定》与金融证券价格关系的调节作用分析框架也适用于分析其他政策。

（3）基于网络的预测模型是考虑官方统计数据和互联网数据的特征而设计的预测模型，适合借助互联网数据进行预测问题研究。除了使用构建环境意识综合指数的关键词的互联网数据来预测碳价，还可以用来预测绿色股票价格、绿色指数和绿色债券等其他绿色金融问题，也借助其他互联网数据预测 GDP、CPI 等其他问题。

（4）考虑变量之间的网络结构可以提高预测效果，除了文章中用网络结构改进普通预测模型的方法，还可以推广到其他模型中。并且网络的构建方法千变万化，也可以尝试用其他网络构建方法来提高预测能力。文章中使用变量网络改进 Lasso，也可以推广至其他变量选择方法。

（5）环境意识对其他绿色金融工具的影响还值得进一步探索。

参考文献

［1］ Alter O, Brown P O, Boststein D. Singular value decomposition for ge-
nome-wide expression data processing and modeling ［J］ . Proceedings of the
National Academy of Sciences, 2000, 97 （18）: 10101-10106.

［2］ Antweiler W, Frank M Z. Is all that talk just noise? The information
content of Internet stock message boards ［J］ . Journal of Finance, 2004, 59
（3）: 1259-1294.

［3］ Armah N A. Big data analysis: the next frontier ［J］ . Bank of Canada
Review, 2013, （Summer）: 32-39.

［4］ Askitas N, Zimmermann K F. Google econometrics and unemployment
forecasting ［J］ . Applied Economics Quarterly, 2009 （55）: 107-120.

［5］ Audrino F, Barone-Adesi F. Functional gradient descent for financial
time series with an application to the measurement of market risk ［J］ . Journal of
Banking and Finance, 2005, 29 （4）: 959-977.

［6］ Audrino F, Trojani F. Accurate short-term yield curve forecasting using
functional gradient descent ［J］ . Journal of Financial Econometrics, 2007, 5

（4）：591-623.

［7］ Barabási A L, Albert R. Emergence of scaling in random network ［J］. Science, 1999, 286 （5439）：509 -512.

［8］ Bulut L. Google Trends and the forecasting performance of exchange rate models ［J］. Journal of Forecasting, 2017, 37 （3）：1-13.

［9］ Bushnell J, Chong H, Mansur E T. Profiting from regulation：An event study of the European carbon market ［J］. Social Science Electronic Publishing, 2009, 216 （1）：62-79.

［10］ Byun S J, Cho H J. Forecasting carbon futures volatility using GARCH models with energy volatilities ［J］. Energy Economics, 2013 （40）：207-221.

［11］ Carhart M M. On persistence in mutual fund performance ［J］. Journal of Finance, 1997, 52 （1）：57-82.

［12］ Carlson L, Grove S J. , Kangun N. A content analysis of environmental advertising claims：A matrix method approach ［J］. Journal of Advertising, 1993, 22 （3）：27-39.

［13］ Catton W R, Dunlap R E. Environmental sociology：A new paradigm ［J］. American Sociologist, 1978, 13 （1）：41-49.

［14］ Chamberlain G, Rothschild M. Arbitrage, factor structure, and mean-variance analysis of large asset markets ［J］. Econometrica, 1983, 51 （5）：1281-1304.

［15］ Chevallier J. Volatility forecasting of carbon prices using factor models ［J］. Economics Bulletin, 2010, 30 （6）：1642-1660.

［16］ Chitra K. In search of the green consumers：A perceptual study ［J］. Journal of Services Research, 2007, 7 （1）：173-191.

[17] Choi H, Varian H. Predicting initial claims for unemployment benefits [EB/OL]. http: //static. googleusercontent. com/external_content/untrusted_dlcp/research. google. com/fr//archive/papers/initialclaimsUS. pdf, 2009-04-10.

[18] Choi H, Varian H. Predicting the present with google trends [J]. Economic Record, 2012, 88 (1): 2-9.

[19] Dai J J, Lieu L, Rocke D. Dimension reduction for classification with gene expression microarray data [J]. Statistical Applications in Genetics and Molecular Biology, 2006, 5 (1): 6.

[20] Dienes C. Actions and intentions to pay for climate change mitigation: Environmental concern and the role of economic factors [J]. Ecological Economics, 2015, 109 (2): 122-129.

[21] Dunlap R E, Van Liere K D. The new environmental paradigm: A proposed measuring instrument and preliminary results [J]. Journal of Environmental Education, 1978, 9 (4): 10-19.

[22] Dunlap R E, Van Liere K D Mertig A G, Jones R E. New trends in measuring environmental attitudes: Measuring endorsement of the new ecological paradigm: A revised NEP scale [J]. Journal of Social Issues, 2000, 56 (3): 425-442.

[23] Dunlap R E. The new environmental paradigm scale: From marginality to worldwide use [J]. Journal of Environmental Education, 2008, 40 (1): 3-18.

[24] Efron B, Hastie T, Johnstone I, Tibshirani R. Least angle regression [J]. Annals of Statistics, 2004, 32 (2): 407-451.

[25] Ettredge M, Gerdes J, Karuga G. Using web-based search data to

predict macroeconomic statistics ［J］. Communications of ACM, 2005, 48 (11): 87-92.

［26］ Fama E F, French K R. Common risk factors in the returns on stocks and bonds ［J］. Journal of Financial Economics, 1993, 33 (1): 3-56.

［27］ Fama E F, French K R. A five-factor asset pricing model ［J］. Journal of Financial Economics, 2015, 116 (1): 1-22.

［28］ Geweke J. The dynamic factor analysis of economic time series models ［M］. Amsterdam: North-Holland, 1977.

［29］ Hart S L, Ahuja G. Does it pay to be green? An empirical examination of the relationship between emission reduction and firm performance ［J］. Business Strategy and the Environment, 1996, 5 (1): 30-37.

［30］ Henriques I, Sadorsky P. Oil price and the stock prices of alternative energy companies ［J］. Energy Economics, 2008, 30 (3): 998-1010.

［31］ Hsu N J, Hung H L, Chang Y M. Subset selection for vector autoregressive processes using Lasso ［J］. Computational Statistics and Data Analysis, 2008, 52 (7): 3645-3657.

［32］ Huang J, Ma S G, Li H Z, Zhang C H. The sparse Laplacian shrinkage estimator for high-dimensional regression ［J］. Annals of Statistics, 2011, 39 (4): 2021-2046.

［33］ Ilaria B, et al. Web search queries can predict stock market volumes ［J］. Plos One, 2012, 7 (7): 1-17.

［34］ James G, Witten D, Hastie T, Tibshirani R. An introduction to statistical learning ［M］. New York: Springer, 2013: 203-244.

［35］ Jones R E, Dunlap R E. The social bases of environmental concern:

Have they changed over time? [J] . Rural Sociology, 1992, 57 (1): 28-47.

[36] Joseph D Y, Peter L, Fuller T F, et al.. Weighted gene co-expression network analysis of the peripheral blood from Amyotrophic Lateral Sclerosis patients [J] . BMC Genomics, 2009, 10 (1): 405.

[37] Kim H J, Kim I M. Scale-free network in stock markets [J] . Journal of Korean Physical Society, 2002, 40 (6): 1105-1108.

[38] Klassen R D, Mclaughlin C P. The impact of environmental management on firm performance [J] . Management Science, 1996, 42 (8): 1199-1214.

[39] Lan J, Kakinaka M, Huang X. Foreign direct investment, human capital and environmental pollution in China [J] . Environmental and Resource Economics, 2012, 51 (2): 255-275.

[40] Langfelder P, Horvath S. Eigengene networks for studying the relationships between co-expression modules [J] . BMC Systems Biology, 2007, 1 (1): 1-17.

[41] Li W, Lu C. The research on setting a unified interval of carbon price benchmark in the national carbon trading market of China [J] . Applied Energy, 2015 (155): 728-739.

[42] Linn J. Stock prices and the cost of environmental regulation [R] . Working Paper, 2006: 433-448.

[43] Liu J, Huang J, Ma S G. Incorporating network structure in integrative analysis of cancer prognosis data [J] . Genetic Epidemiology, 2013, 37 (2): 173-183.

[44] Liu Z, Anderson T D, Cruz J. Consumer environmental awareness and

competition in two-stage supply chains [J]. European Journal of Operational Research, 2012, 218 (3): 602-613.

[45] Ma S G, Huang J. Penalized feature selection and classification in bioinformatics [J]. Briefings in Bioinformatics, 2008, 9 (5): 392-403.

[46] Ma S G, Huang Y, Huang J, Fang K. Gene network-based cancer prognosis analysis with sparse boosting [J]. Genetics Research, 2012, 94 (4): 205-221.

[47] Ma S G, Kosorok M R. Indentification of differential gene pathways with principal component analysis [J]. Bioinformatics, 2009, 25 (7): 882-889.

[48] Ma S G, Kosorok M R, Huang J, Dai Y. Incorporating higher-order representative features improves prediction in Network-based cancer prognosis analysis [J]. BMC Medical Genomics, 2011, 4 (1): 1-10.

[49] Maloney M P, Ward M P. Ecology: Let's hear from the people: an objective scale for the measurement of ecological attitudes and knowledge [J]. American Psychologist, 1973, 28 (7): 583-586.

[50] Maloney M P, Ward M P, Braucht G N. A revised scale for the measurement of ecological attitudes and knowledge [J]. American Psychologist, 1975, 30 (7): 787-790.

[51] Oestreich A M, Tsiakas I. Carbon emissions and stock returns: Evidence from the EU emissions trading scheme [J]. Journal of Banking and Finance, 2015, 58: 294-308.

[52] Pastor J, Veronesi P. Uncertainty about government policy and stock prices [J]. Journal of Finance, 2012, 67 (4): 1219-1264.

［53］Porter M E, America's green strategy ［J］. Scientific American, 1991, 264 (4): 193-246.

［54］Porter M E, Linde C V D. Toward a new conception of the environmenta-competitiveness relationship ［J］. Journal of Economic Perspectives, 1995, 9 (4): 97-118.

［55］Prothero A, Susan D, Freund J, Kilbourne W E, et al. Sustainable consumption: opportunities for consumer research and public policy ［J］. Social Science Electronic Publishing, 2011, 30 (1): 31-38.

［56］Ramiah V Martin B, Moosa I. How does the stock market react to the announcement of green policies? ［J］. Journal of Banking and Finance, 2013, 37 (5): 1747-1758.

［57］Rapach D E, Strauss J K. Forecasting US employment growth using forecast combining methods ［J］. Journal of Forecasting, 2008, 27 (1): 75-93.

［58］Ravasz E, Somera A L, Mongru D A, Oltvai Z N, Barabasi A L. Hierarchical organization of modularity in metabolic networks ［J］. Science, 2002, 297 (5586): 1551-1555.

［59］Ripberger J T. Capturing curiosity: Using internet search trends to measure public attentiveness ［J］. Policy Studies Journal, 2011, 39 (2): 239-259.

［60］Sargent T J, Sims C A. Business cycle modeling without pretending to have too much a-priori economic theory ［R］. Working Papers, 1977.

［61］Saris C G, et al. Weighted gene co-expression network analysis of the peripheral blood from Amyotrophic Lateral Sclerosis patients ［J］. BMC Genomics, 2009（10）: 405.

[62] Seifert J, Uhrig-Homburg M, Wagner M. Dynamic behavior of CO_2 spot prices [J] . Journal of Enviromental Economics and Management, 2008, 56（2）: 180-194.

[63] Schlegel G L. Utilizing big data and predictive analytics to manage supply chain risk [J] . Journal of Business Forecasting, 2014, 33（4）: 11-17.

[64] Shafik N, Tutz G. Boosting nonlinear additive autoregressive time series [J] . Computational Statistics and Data Analysis, 2009, 53（7）: 2453-2464.

[65] Simon N, Friedman J, Hastie T, Tibshirani R. A sparse-group lasso [J] . Journal of Computational and Graphical Statistics, 2013, 22（2）: 231-245.

[66] Stock J H, Watson M W. Forecasting in dynamic factor models subject to structural instability [M] // Castle, J. , Shephard, N. （Eds. ） . The Methodology and Practice of Econometrics. A Festschrift in Honour of Professor David F. Hendry, Oxford University Press, 2009: 173-205.

[67] Stock J H, Watson M W. Forecasting using principal components from a large number of predictors [J] . Journal of the American Statistical Association, 2002, 97（460）: 1167-1179.

[68] Stock J H, Watson M W. Macroeconomic forecasting using diffusion indexes [J] . Journal of Business and Economic Statistics, 2002, 20（2）: 147-162.

[69] Tabak B M, Serra T R, Cajueiro D O. Topological properties of stock market networks: the case of brazil [J] . Physical A Statistical Mechanics and Its

Applications, 2012, 389 (16): 3240-3249.

[70] Tibshirani R. Regression shrinkage and selection via the lasso [J]. Journal of the Royal Statistical Society, Series B, 1996 (58): 267-288.

[71] Wang H, Li G, Tsai C L. Regression co-efficient and autoregressive order shrinkage and selection via the lasso [J]. Journal of the Royal Statistical Society, Series B, 2007, 69 (1): 63-78.

[72] Watts D J, Strogatz S H. Collective dynamics of "small-world" networks [J]. Nature, 1998 (393): 440-442.

[73] Wen X Q, Guo Y F, Wei Y, et al. How do the stock prices of new energy and fossil fuel companies correlate? evidence from China [J]. Energy Economics, 2014, 41 (1): 63-75.

[74] Wohlrabe K, Buchen T. Assessing the macroeconomic forecasting performance of boosting: Evidence for the United States, the Euro area and Germany [J]. Journal of Forecasting, 2014, 33 (4): 231-242.

[75] Yakita A, Yamauchi H. Environmental awareness and environmental R&D spillovers in differentiated duopoly [J]. Research in Economics, 2011, 65 (3): 137-143.

[76] Yuan M, Lin Y. Model selection and estimation in regression with grouped variables [J]. Journal of the Royal Statistical Society, Series B, 2006, 68 (1): 49-67.

[77] Zeng S X, Xu X D, Yin H T, Tam C M. Factors that drive Chinese listed companies in voluntary disclosure of environmental information [J]. Journal of Business Ethics, 2012, 109 (3): 309-321.

[78] Zhang B, Horvath S. A general framework for weighted gene co-ex-

pression network analysis [J] . Statistical Applications in Genetics and Molecular Biology, 2005, 4 (1): 17.

[79] Zhang C H. Nearly unbiased variable selection under minimax concave penalty [J] . Annals of Statistics, 2010, 38 (2): 894-942.

[80] Zhu B Z, Wei Y M. Carbon price forecasting with a novel hybrid ARIMA and least squares support vector machines methodology [J] . Omega, 2013, 41 (3): 517-524.

[81] Zou H. The adaptive Lasso and its oracle properties [J] . Journal of the American Statistical Association, 2006, 101 (476): 1418-1429.

[82] 包智明, 陈占江. 中国经验的环境之维: 向度及其限度——对中国环境社会学研究的回顾与反思 [J] . 社会学研究, 2011 (6): 196-210.

[83] 陈坤铭, 季彦达, 张光南. 环保政策对"中国制造"生产效率的影响 [J] . 统计研究, 2013, 30 (9): 37-43.

[84] 陈诗一. 中国的绿色工业革命: 基于环境全要素生产率视角的解释 (1980-2008) [J] . 经济研究, 2010 (11): 21-34, 58.

[85] 杜莉, 李博. 利用碳金融体系推动产业结构的调整和升级 [J] . 经济学家, 2012 (6): 45-52.

[86] 方颖, 郭俊杰. 中国环境信息披露政策是否有效: 基于资本市场反应的研究 [J] . 经济研究, 2018 (10): 158-174.

[87] 方匡南, 范新妍, 马双鸽. 基于网络结构 Logistic 模型的企业信用风险预警 [J] . 统计研究, 2016 (4): 50-55.

[88] 方匡南, 章贵军, 张惠颖. 基于 Lasso-logistic 模型的个人信用风险预警方法 [J] . 数量经济技术经济研究, 2014 (2): 125-136.

[89] 傅京燕, 李丽莎. 环境规制、要素禀赋与产业国际竞争力的实证

研究［J］．管理世界，2010（10）：87-98，187.

［90］范金，陈锡康．环境意识、技术进步、税收和最优经济增长［J］．数量经济技术经济研究，2000（11）：26-28.

［91］范祚军，常雅丽，黄立群．国际视野下最优储蓄率及其影响因素测度——基于索洛经济增长模型的研究［J］．经济研究，2014（9）：20-33.

［92］高华川，张晓峒．动态因子模型及其应用研究综述［J］．统计研究，2015，32（12）：101-109.

［93］高铁梅，王金明，梁云芳，刘玉红．计量经济分析方法与建模：Eviews 应用及实例［M］．北京：清华大学出版社，2009.

［94］国家环境保护总局，教育部．全国公众环境意识调查报告［M］．北京：中国环境科学出版社，1999.

［95］国务院发展研究中心"绿化中国金融体系"课题组．发展中国绿色金融的逻辑与框架［J］．金融论坛，2016（2）：17-28.

［96］韩乾，洪永淼．国家产业政策、资产价格与投资者行为［J］．经济研究，2014（12）：143-158.

［97］何大韧，刘宗华，汪秉宏．复杂系统与复杂网络［M］．北京：高等教育出版社，2009.

［98］何启志．货币和产出缺口能给通货膨胀提供有用的信息吗?［J］．统计研究，2011，28（3）：15-22.

［99］何伟怡，何瑞．新能源汽车公众市场扩散影响因素的实证分析——基于 TAM-IDT 理论［J］．大连理工大学学报，2015（7）：28-33.

［100］贺正楚，潘红玉，寻舸，吴艳．高端装备制造企业发展模式变革趋势研究［J］．管理世界，2013（10）：178-179.

［101］洪大用．环境关心的测量：NEP 量表在中国的应用评估［J］．社会，2006，26（5）：71-92.

［102］洪大用．检验环境关心量表的中国版（CNEP）——基于 CGSS2010 数据的再分析［J］．社会学研究，2014（4）：49-72.

［103］洪大用．公众环境知识测量：一个本土量表的提出与检验［J］．中国人民大学学报，2016（4）：110-121.

［104］黄建欢，吕海龙，王良健．金融发展影响区域绿色发展的机理——基于生态效率和空间计量的研究［J］．地理研究，2014（3）：532-545.

［105］黄玮强，庄新田，姚爽．中国股票关联网络拓扑性质与聚类结构分析［J］．管理科学，2008（3）：94-103.

［106］胡鞍钢，周邵杰．绿色发展：功能界定、机制分析与发展战略［J］．中国人口·资源与环境，2014（1）：14-20.

［107］胡珺，宋献中，王红建．非正式制度、家乡认同与企业环境治理［J］．管理世界，2017（3）：76-94.

［108］胡亚南，张陶陶，李蕾，田茂再．稀疏 VAR 在股票收益率研究的应用［J］．数理统计与管理，2017，36（4）：731-739.

［109］蒋勇，温琪，吴武清，樊鹏英，陈敏，缪柏其．新的指数跟踪方法及其应用［J］．数理统计与管理．2014，33（3）：508-518.

［110］康雨．贸易开放程度对雾霾的影响分析——基于中国省级面板数据的空间计量研究［J］．经济科学，2016（1）：114-125.

［111］李倩，吴昊．大数据背景下投资者行为研究的趋势分析：基于"内涵—思路—方法"的三重视角［J］．中央财经大学学报，2017（2）：52-62.

［112］李晓炫，吕本富，曾鹏志，刘金烜．基于网络搜索和 CLSI－EMD-BP 的旅游客流量预测研究［J］．系统工程理论与实践，2017，37（1）：106-118.

［113］李仲达，林建浩，王美今．大数据时代的高维统计：稀疏建模的发展及其应用［J］．统计研究，2015，32（10）：3-11.

［114］梁斌，陈敏，缪柏其，黄意球，陈钊．基于 LARS-Lasso 的指数跟踪及其在股指期货套利策略中的应用［J］．数理统计与管理，2011，30（6）：1104-1113.

［115］刘家宏，郭迎新，秦大庸，葛怀风，陈根发．极端天气作用下的区域粮食产量波动——以石家庄冬小麦为例［J］．清华大学学报（自然科学报），2011，51（6）：777-782.

［116］刘涛雄，徐晓飞．互联网搜索行为能帮助我们预测宏观经济吗？［J］．经济研究，2015（12）：68-83.

［117］龙小宁，朱艳丽，蔡伟贤，李少民．基于空间计量模型的中国县级政府间税收竞争的实证分析［J］．经济研究，2014（8）：41-53.

［118］罗良文，雷鹏飞，张万里．立足国内，放眼国际，聚力共促低碳经济发展——首届低碳经济论坛（武汉）综述［J］．经济研究，2015（11）：187-192.

［119］孟雪井，孟祥兰，胡杨洋．基于文本挖掘和百度指数的投资者情绪指数研究［J］．宏观经济研究，2016（1）：144-153.

［120］邵帅，李欣，曹建华，杨莉莉．中国雾霾污染治理的经济政策选择——基于空间溢出效应的视角［J］．经济研究，2016（9）：73-88.

［121］宋晓玲．西方银行业绿色金融政策：共同规则与差别事件［J］．经济问题探索，2013（1）：170-174.

［122］孙力军，盛文军，段军山．中国股价与物价的关系研究——基于 FTPL 的理论视角和结构突变的实证检验［J］．金融研究，2016（2）：145-153．

［123］孙久文，姚鹏．空间计量经济学的研究范式与最新进展［J］．经济学家，2014（7）：27-35．

［124］孙欣，张可蒙．中国碳排放强度影响因素实证分析［J］．经济研究，2014（2）：61-67．

［125］陶长琪，杨海文．空间计量模型选择及其模拟分析［J］．统计研究，2014（8）：88-96．

［126］涂永前．碳金融的法律再造［J］．中国社会科学，2012（3）：95-113．

［127］汪小帆，李翔，陈关荣．复杂网络理论及其应用［M］．北京：清华大学出版社，2006．

［128］王兵，吴延瑞，颜鹏飞．中国区域环境效率与环境全要素生产率增长［J］．经济研究，2010（5）：95-109．

［129］王民．环境意识及测评方法研究［M］．北京：中国环境科学出版社，1999．

［130］王颖，李英．基于感知风向和涉入程度的消费者新能源汽车购买意愿实证研究［J］．数理统计与管理，2013（9）：863-872．

［131］王遥，徐楠．中国绿色债券发展及中外标准比较研究［J］．金融论坛，2016（2）：29-38．

［132］王玉君，韩冬临．经济发展、环境污染与公众环保行为——基于中国 CGSS2013 数据的多层分析［J］．中国人民大学学报，2016（2）：79-92．

[133] 吴振信，万埠磊，王书平，胡爱梅．欧盟碳价波动的结构突变特性检验［J］．数理统计与管理，2015，34（6）：969-977.

[134] 肖晨阳，洪大用．环境关心量表（NEP）在中国应用的再分析［J］．社会科学辑刊，2007（1）：55-63.

[135] 熊中楷，张盼，郭年．供应链中碳税和消费者环保意识对碳排放影响［J］．系统工程理论与实践，2014（9）：2245-2252.

[136] 许晔，王钧，刘爽爽，曾辉，黄练．深圳市主要交通碳排放特征与低碳交通发展情景研究［J］．北京大学学报，2018，54（1）：146-156.

[137] 徐映梅，高一铭．基于互联网大数据的CPI舆情指数构建与应用［J］．数量经济技术经济研究，2017（1）：94-112.

[138] 杨欣，吕本富．突发事件、投资者关注与股市波动——来自网络搜索数据的经验证据［J］．经济管理，2014（2）：147-158.

[139] 俞庆进，张兵．投资者有限关注与股票收益——以百度指数作为关注度的一项实证研究［J］．金融研究，2012（8）：152-165.

[140] 曾建光．网络安全风险感知与互联网金融的资产定价［J］．经济研究，2015（7）：131-145.

[141] 张碧琼，李越．汇率对中国股票市场的影响是否存在：从自回归分布滞后模型（ARDL-ecm）得到的证明［J］．金融研究，2007（7）：26-35.

[142] 张晨，杨仙子．基于多频组合模型的中国区域碳市场价格预测［J］．系统工程理论与实践，2016，36（12）：3017-3025.

[143] 张成，陆旸，郭路，于同申．环境规制强度和生产技术进步［J］．经济研究，2011（2）：113-124.

［144］张继德，廖微，张荣武．普通投资者关注对股市交易的量价影响——基于百度指数的实证研究［J］．会计研究，2014（8）：52-60.

［145］张晓晨．我国低碳经济建设融资现状、问题和对策［J］．中国社会科学院研究生院学报，2016（11）：58-63.

［146］张兴祥，洪永淼．"中国梦"与"美国梦"网络关注度的相关性研究——基于百度指数和谷歌指数的实证检验［J］．厦门大学学报，2017（5）：1-13.

［147］赵爱武，杜建国，关洪军．基于计算实验的有限理性消费者绿色购买行为［J］．系统工程理论与实践，2015，35（1）：95-102.

［148］中国工商银行绿色金融课题组．商业银行构建绿色金融战略体系研究［J］．金融论坛，2017（1）：3-16.

［149］中国人民银行，财政部，发展和改革委员会，环境保护部，银监会，证监会，保监会．关于构建绿色金融体系的指导意见［Z］．银发［2016］228 号.

［150］周志家．环境意识研究：现状、困境与出路［J］．厦门大学学报（哲学社会科学版），2008（4）：19-26.

［151］朱帮助，王平，魏一鸣．基于 EMD 的碳市场价格影响因素多尺度分析［J］．经济学动态，2012（6）：92-97.

［152］邹亚生，魏薇．碳排放核证减排量（CER）现货价格影响因素研究［J］．金融研究，2013（10）：142-153.

后　记

　　光阴荏苒，日月如梭，厦门大学的学习生涯已悄然接近尾声。蓦然回首，厦大的点点滴滴、一草一木都历历在目。感谢厦大学习期间所有支持和帮助过我的师生，感谢这段茫然失措又收获颇丰的似水年华，我将永远铭记于心，在今后与厦大渐行渐远的日子里陪伴一生。在本书的撰写过程中，我得到了各位老师的悉心指导、同学朋友的鼎力支持以及家人的无私帮助，值此书稿成书之际，谨向各位老师、同学、朋友和家人表示最衷心的感谢！

　　衷心感谢恩师方颖老师，感谢在我最无助之时伸出援助之手，感谢您循循善诱的谆谆教诲，感谢您无时无刻的悉心关怀，我所取得的点滴成绩无不凝聚着恩师的心血。本书能顺利完成，完全离不开恩师的指点和教导。恩师亦是我人生道路的导师，您高屋建瓴的研究视野、博学儒雅的为学风格、春风化雨的治学态度无时无刻地影响着我，让我受益匪浅，终身受用。恩师对我的帮助和影响之大，难以用言语表达。

　　衷心感谢方匡南老师，感谢您对本书的悉心指导。本书很多论点的形成得益于您的点拨和指导。您以严谨勤奋的治学态度、精益求精的学术造诣为我树立了优良的学习榜样，深刻地影响和帮助了我。

衷心感谢钟威老师，感谢您耐心的指导和无微不至的关怀。不管是在平时的科研工作、学习生活中，还是在本书的撰写过程之中，您都给予了我无私的指导和帮助。感谢您在本书研究方法和毕业工作等很多问题上给我提供了非常有帮助的建议。

衷心感谢林明教授对本书撰写给予的悉心指导，您渊博的学识造诣、严谨治学的为学风范深深感染了我，使我受益无穷。

衷心感谢马双鸽教授，正是您在课堂和讲座上深入浅出的讲解，给我开启了高维研究启蒙的大门。感谢朱建平教授在大数据统计方向上给我的帮助。感谢谢邦昌教授对本书方向的引导。

衷心感谢唐礼智教授，您以学生为中心的治学态度让我心生敬佩。感谢曾五一教授，感谢您和蔼可亲的细心指导、语重心长的教诲。感谢陈建宝教授，您严谨的治学理念、独特的学术风格都深深感染和影响了我。感谢邱旺土书记不厌其烦地帮助我，让我感受到经济学院家一般的温暖。感谢张进权老师对我学习和生活上的帮助，感谢您兢兢业业为学生考虑、为学生服务，衷心道一声：您辛苦了！感谢蔡淑昭老师、张忠正老师和李敢峰老师对我的关心和帮助。衷心感谢各位老师给我的帮助。

衷心感谢好友陈朝海对我提供的所有帮助。感谢赵昱琨班长对我学习和生活上的热心帮助。感谢鞠芳熠、欧阳汉对本书提出的宝贵建议，感谢宋晓彬对我学习和工作上的帮助和支持，感谢 Malik、麻露、邢春娜、李生杰等同学，感谢你们在学习、工作、生活等各方面给予的关心和支持，我将永远珍惜这份同学情谊。

衷心感谢郭俊杰师兄在环境经济研究方面给予的指导，对本书提供了巨大帮助，感谢刘晓晨学姐对我学习的帮助和生活的关心，感谢管睿学长、杨敏学姐、戴松松学长的支持和鼓励，感谢丁海丽学妹。感谢在本书的撰写过程中给予无私帮助的同学和朋友们，正是与你们的交流和思想碰撞，才促使本书的最终形成。

最后，感谢我的爱人不离不弃，感谢我的父母关怀备至，感谢二哥无私付出，感谢弟弟默默付出，感谢我亲爱的家人在我人生的绝望谷底时给予我精神和物质鼓励，感谢你们与我共渡难关。

再次感谢所有关心和支持我的老师、同学和家人。谨以此书向你们表达我最诚挚的谢意！

由于笔者水平有限，本书难免有不足之处，恳请广大读者不吝批评和指正。

王娜

2018 年 11 月于厦门大学经济学院